İNANILMAZ PİŞİRMEYEN PEYNİRLİ YEMEK KİTABI

Peynirli kek Oyununuzu Yükseltecek ve Misafirlerinizi
Etkileyecek İpuçları ve Tekniklerle Tatlı Severler İçin 100 Ağız
Sulandıran Fırında Olmayan Peynirli kek Tarifi

Zehra Güneş

İÇİNDEKİLER

İÇİNDEKİLER 3

GİRİİŞ 7

ÇİÇEKLİ Cheesecake 8

1. Pişirmeden Rose Cheesecake 9

2. Pişirmeden Hibiscus Cheesecake................................. 11

3. Pişirmeden Yenilebilir Çiçekli Mini Cheesecakeler............... 14

4. Pişirmeden Kelebek Bezelyeli Cheesecake....................... 17

5. Fırınsız Yaban Mersinli Lavanta Cheesecake.................... 20

6. Fırınsız Yaseminli Cheesecake 23

MEYVELİ PEYNİR KEKLERİ 25

7. Pişirmeden Frambuazlı Limonlu Cheesecake.................... 26

8. Limonlu Cheesecake... 29

9. Pişirmeden Üçlü Berry Cheesecake.............................. 32

10. Pişirmeden Böğürtlenli Çikolatalı Cheesecake Kapları 34

11. Pişirmeden Kayısılı cheesecake................................. 36

12. Pişirmeden Çilekli Cheesecake................................. 38

13. Pişirmeden yaban mersinli cheesecake 40

14. Pişirmeden Elmalı Cheesecake 42

15. Pişirmeden Mangolu cheesecake 44

16. Fırında Muzlu Kremalı Cheesecake 47

17. Fırınsız Vegan Berry cheesecake 50

18. Fırınsız Frambuazlı Cheesecake Yer Mantarı 52

19. Pişirmeden Muzlu Oreolu Cheesecake......................... 54

20. Fırınsız Çarkıfelek Cheesecake 57

fındıklı cheesecake 60

21. Fırınsız Portakallı ve macadamialı cheesecake................. 61

22. Pişirmeden Bademli Cheesecake 64

23. Pişirmeden Çikolatalı Fındıklı Cheesecake.. 66

24. Pişirmeden Badem ve Yaban Mersinli Cheesecake 68

25. Pişirmeden Badem Yemekli Cheesecake.. 70

SEBZELİ PEYNİRLİ KEKLER..74

26. Fırınsız Ube Cheesecake.. 75

27. Pişirmeden Kabak Pasta Cheesecake... 78

28. Avokado ve misket limonlu Fırınsız Cheesecake................................. 80

29. Fırınsız Zencefilli Balkabaklı Cheesecake.. 83

30. Fırınsız Kabak Turtası Cheesecake Tart... 85

otlu cheesecake..87

31. Fırınsız Fesleğen, misket limonu ve çilekli cheesecake 88

32. Pişirmeden Matcha cheesecake... 91

33. Fırınsız Fesleğenli ve Limonlu Cheesecake.. 94

34. Pişirmeden Naneli cheesecake.. 97

35. Pişirmeden Biberiyeli Ballı Cheesecake 100

36. Fırınsız Nane Nektarinli Cheesecake Tart 103

37. Pişirmeden Zencefilli ve Kişnişli Cheesecake.................................... 106

KURABİYE VE ŞEKERLİ PEYNİRLİLER 109

38. Pişirmeden Toblerone cheesecake 110

39. Pişirmeden Kurabiye Parçalamalı Cheesecake 112

40. Pişirmeden Oreo Cheesecake 114

41. Fırınsız Funfetti Oreo Doğum Günü Pastası Cheesecake.................. 116

42. Pişirmeden Hindistan Cevizi acıbadem kurabiyesi cheesecake 119

43. Fırınsız Choc Chip Cannoli Cheesecake 121

44. Pişirmeden Çift Çikolatalı Cheesecake 123

45. Pişirmeden Mocha Cheesecake... 127

46. Pişirmeden Fıstık Ezmesi Cheesecake Bombaları 130

BOOZY Cheesecake'ler 132

47. Fırınsız Romlu yumurta likörü cheesecake 133

48. Pişirmeden Margarita Cheesecake 136

49. Pişirmeden Pina colada cheesecake 138

50. Fırınsız Vodka Toffee elmalı Cheesecake 140

FIRINDA PEYNİR SEKECESİ 143

51. Çilekli Cheesecake Fransız Tostu 144

52. Yaban mersinli limonlu cheesecake yulaf 146

53. Çilekli cheesecake krep 148

54. Dondurulmuş incirli cheesecake 150

55. Vegan Meyveli cheesecake 153

56. Mangolu cheesecake 155

57. Yabanmersinli Cheesecake 157

58. Kızılcık portakallı cheesecake 160

59. Limon Kabuklu cheesecake 162

60. Ters ananaslı cheesecake 164

61. Mandalina cheesecake 167

62. Cevizli Cheesecake 169

63. Macadamia ve misket limonlu kek 171

64. Yaban Mersinli Cheesecake 174

65. Glutensiz Badem Unlu Cheesecake 176

66. Kabarık Japon Cheesecake 180

67. Çift Çikolatalı Fudge Cheesecake 182

68. Japon cheesecake 185

69. Kabak Cheesecake 187

70. Kabak Yamalı Cheesecake 189

71. Kabak Turtası Cheesecake Kaseleri 192

72. Mini Canavar Cheesecake'ler 195

73. Bireysel Key Lime Cheesecake 197

74. Karton Kutu Fırında Cheesecake 200

75. Düşük Karbonhidratlı limonlu cheesecake 202

76. Süzme peynirli Cheesecake 205

77. Pişmemiş Kabak Kabuklu Cheesecake 207

78. Fırınsız karışık meyveli yuzu Cheesecake 209

79. Cheesecake Kapkekler 212

80. Muhallebi Kabı Cheesecake kekleri 214

81. Cheesecake Barları 216

82. Kabak Cheesecake Barları 218

83. Dondurulmuş Çikolatalı Fıstık Ezmeli Cheesecake Bombaları 220

84. Frambuazlı Cheesecake Yer Mantarı 222

85. Kurabiye ve Kremalı Cheesecake Lokmaları 224

86. Hava Fritöz Cheesecake Isırıkları 226

87. Kabak turta cheesecake Tart 228

88. Amaretto cheesecake tartları 230

89. Cheesecake dondurma 232

90. Cheesecake Şerbeti 234

91. Cheesecake Dondurma Tarifi 236

92. Yaban Mersinli Cheesecake Dondurma 238

93. Elmalı Peynirli Dondurma 241

94. Vişneli Cheesecake Dondurma 243

95. Somon Füme Cheesecake 245

96. Tavuk-biberli cheesecake 247

97. Yengeçli yengeç etli cheesecake 249

98. Daiquiri cheesecake 252

99. Pina colada cheesecake 254

100. Kahlua ve kremalı cheesecake 256

ÇÖZÜM 258

GİRİİŞ

Bir Peynirli kek aşığıysanız, ancak mutfakta yemek pişirmek için saatler harcamak istemiyorsanız, Fırınsız Cheesecakes yemek kitabı tam size göre. 100 lezzetli ve yapımı kolay, pişirmeden cheesecake tarifiyle, tatlı bir ikram için fikirleriniz asla bitmeyecek.

Çikolata ve çilek gibi klasik tatlardan fıstık ezmesi ve jöle veya yaban mersinli limon gibi daha eşsiz kombinasyonlara kadar her damak zevkine uygun bir cheesecake tarifi var. Ayrıca vegan ve glütensiz seçenekler de bulacaksınız, böylece herkes kremsi iyiliğin tadını çıkarabilir.

Yemek kitabında geleneksel cheesecake'lerin yanı sıra cheesecake barlar, cheesecake ısırıkları ve hatta cheesecake dondurma için tarifler bulunur. İster bir akşam yemeğinde konukları etkilemek isteyin, ister sadece tembel bir hafta sonu geçirmek isteyin, tüm durumlar için tarifler var.

Her tarif, süreç boyunca size rehberlik edecek adım adım talimatlar ve güzel fotoğraflarla birlikte gelir. Peynirli kek oyununuzu bir sonraki seviyeye taşımak için malzeme ikameleri ve dekorasyon fikirleri için faydalı ipuçları da bulacaksınız.

Bu nedenle, ister acemi olun, ister deneyimli bir fırıncı olun, Fırınsız Peynirli kek yemek kitabında herkes için bir şeyler var. Pişmemiş cheesecake'lerin zengin ve kremsi dünyasına kendinizi kaptırmaya hazır olun.

ÇİÇEKLİ Cheesecake

1. Fırınsız Gül Cheesecake

Yapar: 4 Porsiyon

İÇİNDEKİLER

BİSKÜVİ TABANI İÇİN

- 50 gr marie bisküvi
- 20 gr Erimiş Tereyağı

PEYNİRLİ KARIŞIM İÇİN

- 150 gr Krem Peynir
- 75 gr Krem Şanti
- 20 gr pudra şekeri
- Gül Özü
- Pembe Gıda Boyası birkaç damla

TALİMATLAR

a) Bisküvileri ufalayın, eritilmiş tereyağını ekleyin ve karışana kadar karıştırın.

b) 5" kare kek halkasını servis tabağına alın, bisküvi karışımını aktarın ve kaşıkla eşit şekilde yayın.

c) İyice bastırın. 5-10 dakika soğutun.

d) Bir kasede krem peynir, pudra şekeri, gül esansı ve pembe gıda boyasını birleştirin. Kremsi olana kadar çırpın.

e) Başka bir kapta, krem şantiyi yumuşak tepecikler oluşana kadar çırpın.

f) Çırpılmış kremayı gruplar halinde aktarın ve krem peynir karışımı ile karıştırın.

g) Malzemeler iyice karıştığında, krem peynir karışımını hazırlanan bisküvi tabanına aktarın.

h) Üstü düzleştirin ve düzeltin.

i) Gül yaprakları ve antep fıstığı ile süsleyin.

j) Streç film ile örtün ve bir gece buzdolabında bekletin.

k) Ertesi gün kek halkasını yavaşça çıkarın, cheesecake'i dilimleyin ve servis yapın.

2. Fırınsız Hibiscus Cheesecake

Yapar: 3 Porsiyon

İÇİNDEKİLER

TEMEL:

- 6 Sindirim bisküvi
- ⅛ su bardağı Eritilmiş tereyağı
- 1 çay kaşığı Bal

DOLGU:

- ¼ su bardağı mascarpone peyniri
- ½ su bardağı krem şanti, çırpılmış
- 1/4 bardak Kurutulmuş Hibiskus çiçekleri, yıkanmış
- 7 gram Jelatin, çiçek açmış
- ¼ su bardağı pudra şekeri

HİZMET ETMEK

- ebegümeci şurubu
- Şekerlenmiş ebegümeci çiçekleri

TALİMATLAR

TABAN OLUŞTURMAK İÇİN:

a) Bisküvileri mikserde ufalayın ve birbirine yapışması için gerektiği kadar tereyağı ekleyin.

b) İçine bal ekleyin.

c) Bunu küçük bir fırın tepsisine bastırın ve 30 dakika soğutun.

d) Şimdi jelatini soğuk suda 10 dakika kabartın ve mikrodalgada birkaç saniye ısıtın ve bir kenarda bekletin.

DOLGU YAPILMASI İÇİN:

e) Bir kapta mascarpone peyniri, çırpılmış krema, kurutulmuş ve ezilmiş ebegümeci çiçekleri, çiçek açan jelatin ve pudra şekeri ekleyin.

f) Tüm malzemeleri kremleyin.

g) Bisküvi tabanının üzerine dökün ve 3 saat buzdolabında bekletin.

MONTAJLAMA:

h) Hibiscus cheesecake'i şurup ve şekerlenmiş çiçeklerle servis edin.

3. Pişirmeden Yenilebilir Çiçek Mini Cheesecake

Yapar:18 mini cheesecake

İÇİNDEKİLER

KABUK

- 2 bardak graham kraker kırıntısı
- 5 yemek kaşığı Açık Esmer Şeker
- 8 yemek kaşığı tuzsuz tereyağı, eritilmiş

DOLGU

- 16 ons krem peynir, yumuşatılmış
- ⅔ su bardağı Ekstra İnce Toz Şeker
- 2 büyük yumurta
- 1 çay kaşığı vanilya özü veya vanilya fasulyesi ezmesi
- ⅔ su bardağı ekşi krema

garnitürler

- Bir avuç yenilebilir çiçek, sapları çıkarılmış, yıkanmış ve kurumuş
- 1 yumurta akı
- 1 çay kaşığı Toz Şeker

TALİMATLAR

a) Kabuk için, graham kraker kırıntılarını, kahverengi şekeri ve eritilmiş tereyağını karıştırın. Yaklaşık 2 yemek kaşığı kırıntıyı 18 adet kağıt kaplı muffin kaplarına bastırın.

b) Krem peyniri pürüzsüz olana kadar orta hızda çırpın, gerekirse kaseyi kazıyın. Şeker ekleyin ve hafif ve kabarık olana kadar çırpın.

c) Yumurta ve vanilyayı ekleyip krema kıvamına gelene kadar çırpın.

d) Ekşi krema ile karıştırın.

e) Cheesecake dolgusunu 18 muffin kabına eşit olarak bölün ve her birine yaklaşık 2 yemek kaşığı doldurun.

f) Yenilebilir çiçekleri bir kağıt havluya koyun. Bir çiçeğin üzerine hafif bir yumurta yıkama tabakası sürün, ardından hafifçe şeker serpin ve tekrarlayın.

g) Her mini cheesecake'in üzerine 1-3 çiçek yerleştirin.

h) Cheesecake'ler ıslak görünmeyip ortaları sallanana kadar en az 2 saat dondurun.

i) Cheesecake'leri servis etmeden önce 15 dakika derin dondurucuya atın.

j) Kağıt astarları çıkarın ve hemen soyun.

k) Servis tabağına veya tek tek tatlı tabaklarına alıp servis yapın.

4. Pişirmeden Kelebek Bezelyeli Cheesecake

Yapar: 6 porsiyon

İÇİNDEKİLER

- 1 çay kaşığı vanilya veya badem özü

peynirli kek dolgusu

- 750 gr İpek Tofu
- 4 gr Agar Agar Tozu
- 170 gr Şekersiz Eritritol
- 1,5 çay kaşığı Kelebek Bezelye Tozu

peynirli kek tabanı

- ½ bardak Sindirim Bisküvisi
- 65 mL Hindistan Cevizi Yağı, eritilmiş

TALİMATLAR

a) Cheesecake tabanını yapmak için sindirimi kolaylaştıran kurabiyeleri plastik bir gıda torbasında oklava kullanarak ezin.

b) Daha sonra kurabiye kırıntılarını bir kaseye aktarın, üzerine eritilmiş hindistancevizi yağı dökün ve iyice karıştırın.

c) Kurabiye karışımını cheesecake kalıbına aktarın.

d) Kırıntıları sıkıştırmak ve eşit bir tabaka oluşturmak için bir kaşığın arkasıyla tabana sıkıca bastırın.

e) Ardından, buzdolabında bir saat soğutun veya kurabiye tabanı sertleşene ve sertleşene kadar 30 dakika dondurun.

f) Bu arada, tuzlu suyu çıkarmak için ipeksi tofuyu durulayın ve boşaltın.

g) Tofu bloğunu küpler halinde dilimleyin, bir mutfak robotuna koyun ve pürüzsüz ve kremsi olana kadar karıştırın.

h) Karıştırılmış tofuyu bir tencereye aktarın ve topaklanmayı önlemek için agar tozunu azar azar ekleyin ve topaklanana kadar karıştırın.

i) Ardından, düşük şekerli bir seçenek için şeker veya eritritol tatlandırıcıyı, ardından kullanıyorsanız badem veya vanilya özünü ekleyin.

j) Tofu karışımını hafifçe kaynatın ve agarı etkinleştirmek için 3 dakika kısık ateşte pişirin.

k) Pişerken tencerenin dibine yapışmasını ve yanmasını önlemek için karışımı karıştırın.

l) Sonra, tofu kremasının üçte birini soğuk bisküvi tabanının üzerine kaşıkla.

m) Hava kabarcıklarını çıkarmak için kek kalıbını tezgaha vurun ve tofu dolgusunu bir spatula veya bir kaşığın arkasıyla düzeltin.

n) Küçük bir kapta, hiç topak kalmayıncaya kadar kelebek bezelye tozunu biraz tofu kremasında çözün.

o) Ardından, mavi bezelye karışımını tofu kreminin kalan üçte ikisine ekleyin.

p) Homojen bir mavi cheesecake kreması elde edene kadar iyice karıştırın.

q) Mavi tofu kremasını beyaz tofu tabakasının üzerine dikkatlice dökün.

r) Yine, hava kabarcıklarını çıkarmak için kek kalıbını tezgahın üzerine vurun ve mavi tofu dolgusunu bir spatula veya bir kaşığın arkasıyla düzeltin.

s) Kalıbı streç filmle sarın ve kelebek bezelyeli cheesecake'i 2-3 saat veya dolgu katılaşana kadar buzdolabında bekletin.

t) Kalıbı uzun bir bardağa yerleştirin, kek kalıbı halkasının kilidini açın veya gevşetin ve dikkatlice aşağı doğru kaydırın.

u) Serbest kaldıktan sonra, kelebek bezelyeli cheesecake'i servis tabağına alın, kek kalıbının tabanını çıkarın ve pastayı beğeninize göre süsleyin.

5. Fırınsız Yaban Mersinli Lavanta Cheesecake

Yapar: 6 porsiyon

İÇİNDEKİLER

KABUK

- 110 gram ince öğütülmüş glütensiz graham kraker (yaklaşık 1 su bardağı)
- ½ çay kaşığı iri öğütülmüş kurutulmuş yenilebilir lavanta tomurcukları
- 4 yemek kaşığı eritilmiş tereyağ

YABAN MERSİNİ SOSU

- 1½ su bardağı yaban mersini
- ¼ bardak su
- 3 yemek kaşığı organik şeker kamışı
- ½ çay kaşığı limon kabuğu rendesi
- ¼ çay kaşığı vanilya özü
- bir tutam tuz
- ¾ çay kaşığı kurutulmuş yenilebilir lavanta tomurcukları

peynirli kek dolgusu

- ¾ bardak ağır krema soğutulmuş
- 8 ons krem peynir, oda sıcaklığında
- 4 ons keçi peyniri, oda sıcaklığında
- ½ su bardağı organik şeker kamışı
- 2 çay kaşığı limon kabuğu rendesi
- 1 çay kaşığı vanilya özü
- ½ çay kaşığı iri öğütülmüş kurutulmuş yenilebilir lavanta tomurcukları

TALİMATLAR

a) Graham krakerlerini bir mutfak robotuna koyun. İnce, kumlu bir doku olana kadar işleyin. Orta boy bir kaseye aktarın. Lavanta, tuz ve tereyağı ekleyin. Tereyağını tüm kırıntılara dahil etmek için bir çatalla iyice karıştırın. Kelepçeli kalıbınızın altına yuvarlak bir parça parşömen koyun. Kırıntıları bir kaşık ve ellerle alta ve yanlardan ½'den biraz daha az yukarı doğru bastırın. Sıkıca bastırdığınızdan emin olun. Dondurucuya yerleştirin.

b) 1 bardak yaban mersini ve suyu bir mutfak robotuna koyun ve küçük parçalar halinde doğranana kadar karıştırın. Karışımı küçük bir tencereye boşaltın. Şeker, limon kabuğu rendesi, vanilya ve tuzu ekleyin. Sürekli karıştırarak orta ateşte kaynamaya getirin.

c) Yaban mersininin kalan yarısını ekleyin. Lavantayı yeniden kullanılabilir bir çay poşetine veya tülbent poşete koyun, ağzını kapatın ve sosa ekleyin. Isıyı azaltın ve lavanta demlenirken karıştırmaya devam edin. Sos koyulaşınca yaklaşık 10 dakika ocaktan alın.

d) Lavantayı 15 ila 20 dakika daha demlemeye devam edin. Ardından çay poşetini veya poşeti çıkarın. Sosu tamamen soğumaya bırakın.

e) Büyük bir kapta, ağır kremayı yumuşak tepe noktaları oluşana kadar bir elektrikli karıştırıcı ile çırpın. İkinci bir büyük kapta, krem peynir, keçi peyniri, şeker, limon kabuğu rendesi ve lavantayı çırpmak için mikseri kullanın. Karışım tamamen birleştiğinde, çırpılmış kremayı yavaşça katlamak için bir spatula kullanın.

f) Kabuğu dondurucudan çıkarın ve dolguyu içine dökün. Büyük bir kaşıkla pürüzsüz hale getirin. En az dört saat en iyi gece boyunca soğutun. Servise hazır olunca buzdolabından çıkarın ve kelepçeli kalıptan çıkarın.

g) Üzerine bol miktarda yaban mersini sosu dökün ve hemen kesin. Cheesecake buzdolabında 4 gün dayanır

6. Fırınsız Yaseminli Cheesecake

Yapar: 6 porsiyon

İÇİNDEKİLER

- 1 bisküvi tabanı

KREMA İÇİN:

- 400 gram labne peyniri
- 1 kase yoğurt
- 2 yemek kaşığı kavrulmuş badem unu
- 1 çay kaşığı vanilya
- 1 su bardağı şeker

YASEMİN ÇAYI:

- 2 yemek kaşığı yasemin çayı, kuru bütün yaprak veya yaseminli 4 çay poşeti
- 2½ su bardağı soğutulmuş süt

TALİMATLAR

YASEMİN ÇAYI:

a) 1 su bardağı kadar sütü ısıtıp ocaktan alın ve içine yasemin çayı koyun.

b) 10 dakika bekletin ve soğuması için yaklaşık 1 saat buzdolabında bekletin.

KREM:

c) Krem peynir ve şekeri mikserde karıştırın.

d) 1½ su bardağı soğuk süt ve hazırladığınız yasemin sütünü ekleyin. Toplam 2 dakika karıştırın.

e) Yoğurt, vanilya ve kavrulmuş badem ununu ekleyip düşük devirde bir dakika daha çırpın.

f) Bisküvileri tabana dökün ve kaşıkla yayın.

g) Gece boyunca buzdolabında bırakın.

HİZMET ETMEK:

h) Cheesecake'i kalıptan çıkarıp dikkatlice servis tabağına alın.

i) Yasemin çiçekleri ile süsleyip dilimleyerek servis yapın.

MEYVELİ PEYNİR KEKLERİ

7. Fırınsız Frambuazlı Limonlu Cheesecake

Yapar: 6

MALZEMELER: KABUK:

- 1 ½ Graham Kırıntıları
- 4 yemek kaşığı eritilmiş tereyağı

LİMONLU PEYNİR KEK DOLGUSU:

- 16 ons krem peynir, oda sıcaklığı
- ½ su bardağı ekşi krema
- 1 yemek kaşığı süt
- 1 çay kaşığı vanilya özü
- 1 su bardağı Sağlıklı Organik Pudra Şekeri
- limon kabuğu rendesi
- 1 yemek kaşığı limon suyu

MONTAJLAMA

- 1 su bardağı Ahududu Sosu
- Wkalça kremi
- Limon dilimi
- Ahududu

TALİMATLAR:

KABUK HAZIRLAMAK İÇİN:

a) Bir kasede eritilmiş tereyağı ile graham kırıntılarını ekleyin. İyice karıştırın ve kenara koyun.

LİMONLU PEYNİR KEK DOLGUSUNU HAZIRLAMAK İÇİN:

b) Bir kapta krem peynir, ekşi krema, süt ve vanilya özü ekleyin. Pürüzsüz olana kadar el mikseri ile yüksek hızda karıştırın. Pudra şekeri, limon kabuğu rendesi ve limon suyunu ekleyip tekrar karıştırın. Kaseyi kazıyın, ardından bir krema torbasına ekleyin.

MONTAJLAMA:

c) 4 onsluk bir mason kavanoza 2-3 yemek kaşığı graham kabuk karışımı ekleyin ve bastırın. Daha sonra cheesecake karışımını sıkın. Cheesecake karışımını düzleştirmek için kavanozu sallayın.

d) Bir kaşık ahududu sosu ekleyin ve üzerine çırpılmış krema, limon dilimi ve ahududu ekleyin.

e) Eğlence!

8. Limonlu Cheesecake

Yapar: 8 porsiyon

İÇİNDEKİLER:

- ¾ fincan graham kraker kırıntısı
- 1 yemek kaşığı şeker
- 3 yemek kaşığı tereyağı, eritilmiş

DOLGU:

- İki adet 8 ons paket krem peynir, yumuşatılmış
- ¾ su bardağı şeker
- ¼ su bardağı ekşi krema
- 3 çay kaşığı rendelenmiş limon kabuğu rendesi
- 1 yemek kaşığı limon suyu
- 1 çay kaşığı vanilya özü
- 2 büyük yumurta, oda sıcaklığında, hafifçe çırpılmış
- Kireç dilimleri ve çırpılmış krema

TALİMATLAR:

a) Nihale parçasını ve 1 su bardağı suyu 6-qt'ye yerleştirin. elektrikli düdüklü tencere. 6-in yağlayın. yay biçimli tava; çift kalınlıkta ağır hizmet folyosu üzerine yerleştirin.

b) Tavayı güvenli bir şekilde sarın.

c) Küçük bir kapta kraker kırıntılarını ve şekeri birleştirin. Eritilmiş tereyağında karıştırın. Hazırlanan tavanın altına ve kenarlarına bastırın. Dondurucuya yerleştirin.

d) Bu arada, büyük bir kapta krem peynir ve şekeri pürüzsüz olana kadar çırpın. Ekşi krema, limon kabuğu rendesi, limon suyu ve vanilyayı çırpın.

e) yumurta ekleyin; sadece karışana kadar düşük hızda çırpın.

f) Hazırlanan tavaya dökün. Tavayı folyo ile örtün.

g) Bir parça folyoyu uzunlamasına üçe katlayarak bir askı yapın. Tavayı nihaleye indirmek için askıyı kullanın.

h) kapağı kilitleyin; basınç tahliye vanasını kapatın.

i) 50 dakika boyunca yüksek basınçlı pişirmeye ayarlayın. Basıncın 10 dakika doğal olarak salınmasına izin verin; kalan basıncı hızla serbest bırakın. Folyo askı kullanarak, yay biçimli tavayı dikkatlice çıkarın. 10 dakika bekletin.

j) Folyoyu tavadan çıkarın. Cheesecake'i tel ızgara üzerinde 1 saat soğutun.

k) Bir bıçakla yan tarafı tavadan gevşetin. Gece boyunca soğutun, soğuduğunda örtün. Servis yapmak için, kelepçeli kalıbın kenarını çıkarın.

l) Kireç dilimleri ve çırpılmış krema ile süsleyin.

9. Fırınsız Üçlü Berry Cheesecake

Yapar: 12 porsiyon

İÇİNDEKİLER:

- 1-½ su bardağı graham kraker kırıntısı
- ⅓ fincan paketlenmiş kahverengi şeker
- ½ çay kaşığı öğütülmüş tarçın
- ½ su bardağı tereyağı, eritilmiş

DOLGU:

- İki adet 8 onsluk krem peynir paketi, yumuşatılmış
- ⅓ su bardağı şeker
- 2 çay kaşığı limon suyu
- 2 bardak ağır çırpılmış krema

SÜSLEME:

- 2 su bardağı dilimlenmiş taze çilek
- 1 su bardağı taze yaban mersini
- 1 su bardağı taze ahududu
- 2 yemek kaşığı şeker

TALİMATLAR:

a) Küçük bir kapta kraker kırıntılarını, esmer şekeri ve tarçını karıştırın; tereyağında karıştırın.

b) Yağlanmamış 9 inçlik yay biçimli bir tepsinin tabanına bastırın. 30 dakika soğutun.

c) Büyük bir kapta krem peynir, şeker ve limon suyunu pürüzsüz olana kadar çırpın. Yavaş yavaş krema ekleyin; sert zirveler oluşana kadar çırpın. Hazırlanan kabuğa aktarın. Gece boyunca soğutun ve örtün.

d) Bir kasede, meyveleri şekerle hafifçe atın. Meyvelerden meyve suları çıkana kadar 15-30 dakika bekletin.

e) Bir bıçakla cheesecake'in kenarını tavadan ayırın; jantı çıkarın. Cheesecake'i üzerini süsleyerek servis edin.

10. Fırınsız Böğürtlenli Çikolatalı Cheesecake Kapları

Yapar: 6 porsiyon

İÇİNDEKİLER:

- 1½ su bardağı minyatür simit
- 2 yemek kaşığı artı ⅓ fincan şeker, bölünmüş
- 3 yemek kaşığı tereyağı, eritilmiş
- 1 su bardağı ağır krem şanti
- 8 ons krem peynir, yumuşatılmış
- ½ su bardağı şekerleme şekeri
- 1 çay kaşığı vanilya özü
- ½ fincan beyaz pişirme cipsi
- 1½ su bardağı taze böğürtlen
- Ek böğürtlen

TALİMATLAR:

a) Pretzelleri ince kırıntılar oluşana kadar bir mutfak robotunda çekin. 2 yemek kaşığı toz şeker ve eritilmiş tereyağını ekleyin; birleşene kadar nabız atın. Karışımı 6 yarım litrelik konserve kavanozları veya tatlı yemekleri arasında bölün.

b) Cheesecake tabakası için kremayı sert tepeler oluşana kadar çırpın. Başka bir kapta krem peynir, pudra şekeri ve vanilyayı pürüzsüz olana kadar çırpın. 1-½ su bardağı çırpılmış kremayı, ardından fırın talaşlarını ekleyin. Tuzlu kraker karışımı üzerine kaşıkla. Soğuyana kadar üzeri kapalı olarak yaklaşık 3 saat buzdolabında bekletin.

c) Bu arada temiz bir mutfak robotunda 1-½ su bardağı böğürtlenleri kalan ⅓ su bardağı şekerle püre haline getirin; bir kaseye çıkarın. Berry karışımını ve kalan çırpılmış kremayı servis yapana kadar örtün ve soğutun.

d) Servis yapmak için böğürtlen karışımı, ayrılmış çırpılmış krema ve ilave böğürtlen ile süsleyin.

11. Pişirmeden kayısılı cheesecake

Yapar: 1 porsiyon

İÇİNDEKİLER:

- 17 ons Kayısı yarısı, süzülmüş ve suyu ayrılmış
- 1 Jelatin Zarf, Tatlandırılmamış
- ⅓ su bardağı Şeker
- 16 ons Krem peynir
- 1 çay kaşığı vanilya özü
- 1 Turta kabuğu, çikolatalı gofret

TALİMATLAR:

a) Bir karıştırıcıda veya mutfak robotunda, 10 kayısı yarısını ayrılmış şurupla püre haline getirin; kaynayana kadar ısıtın.

b) Bu arada, büyük bir kapta tatlandırılmamış jelatini şekerle karıştırın; sıcak sıvıyı ekleyin ve jelatin tamamen eriyene kadar yaklaşık 5 dakika karıştırın.

c) Elektrikli bir karıştırıcı ile krem peynir ve vanilyayı pürüzsüz olana kadar çırpın; 10 dakika bekletin.

d) Hazırlanan kabuğa dökün; sertleşene kadar soğutun. Kalan yarım kayısı dilimleriyle ve istenirse krem şanti ile süsleyin.

12. Fırınsız Çilekli Cheesecake

Yapar: 1 porsiyon

İÇİNDEKİLER:

- 1 Graham kraker pasta kabuğu
- 8 ons Krem peynir, yumuşatılmış
- ⅓ su bardağı Şeker
- 1 bardak Ekşi krema
- 2 çay kaşığı vanilya
- 8 ons Çırpılmış tepesi, dondurulmuş
- Süslemek için taze çilek

TALİMATLAR:

a)   Peyniri pürüzsüz olana kadar çırpın, yavaş yavaş şekeri çırpın.

b)   Ekşi krema ve vanilya ile karıştırın.

c)   Çırpılmış malzemeyi katlayın, İyice karıştırın.

d)   Kabuk içine kaşık. ayarlanana kadar soğutun, en az 4 saat.

e)   Süslemek için taze çileklerle süsleyin.

13. Pişirmeden yaban mersinli cheesecake

Yapar: 1 porsiyon

İÇİNDEKİLER:

- ½ bardak) şeker
- 2 yemek kaşığı mısır nişastası
- ¾ bardak Soğuk su
- 1 litre taze yaban mersini
- 8 ons krem peynir
- 3 yemek kaşığı pudra şekeri
- 1 çay kaşığı vanilya
- 1 graham kraker pasta Kabuk

TALİMATLAR:

a) Orta boy bir tencerede şeker ve mısır nişastasını karıştırın. Karıştırılana kadar suda karıştırın.

b) 1 su bardağı yaban mersini ekleyin. Karışım koyulaşana ve kaynayana kadar orta ateşte karıştırın.

c) Isıyı azaltın ve meyveler sularını bırakana kadar sürekli karıştırarak 2 dakika pişirin.

d) Ateşten alın ve kalan meyveleri karıştırın. Oda sıcaklığına soğutun.

e) Peynir, pudra şekeri ve vanilyayı bir kasede iyice karışana kadar çırpın. En alta yufkanın üzerine yayın. Böğürtlen karışımı ile kaplayın.

f) 2 saat veya iyice soğuyana kadar soğutun.

14. Pişirmeden elmalı cheesecake

Yapar: 4 porsiyon

İÇİNDEKİLER:

- 6 yemek kaşığı tatlandırılmamış jelatin
- 1 su bardağı Kaynar su
- 2 kilo krem peynir
- 2 su bardağı pudra şekeri
- 1 su bardağı ağır krema, hafifçe çırpılmış

KIRINTI TABANI:

- 2 bardak Graham kraker kırıntısı
- 2 yemek kaşığı şeker
- 2 Kırmızı elma, özlü, dilimlenmiş ve doğranmış
- ½ su bardağı kıyılmış ceviz

TALİMATLAR:

a) 12 inçlik yay biçimli bir tepsiyi yağlayın ve altını mumlu kağıtla hizalayın. Küçük bir kapta jelatini suda eritin ve soğumaya bırakın.

b) Krem peyniri ve şekerleme şekerini hafif ve kabarık olana kadar çırpın. Jelatin ekleyin ve iyice karışana kadar çırpın.

c) Ağır çırpılmış kremayı katlayın ve karışımı hazırlanmış bir tavaya çevirin ve soğutun. Graham kraker kırıntılarını, şekeri ve tereyağını karıştırın.

d) Karışımı soğuyan cheesecake üzerine serpin. Kırıntıları yüzeye hafifçe bastırın.

e) Cheesecake'i ters çevirin, kırıntı tarafı aşağı gelecek şekilde kalıptan çıkarın. Üzerine doğranmış elma ve ceviz serpin. En üste karamel sosu cömertçe dökün. R

15. Fırınsız Mango cheesecake

Yapar: 4 porsiyon

İÇİNDEKİLER:

- 150 gr Arnott's Marie bisküvi
- 80 gr tereyağı, eritilmiş
- 2 paket oda sıcaklığında krem peynir
- ½ su bardağı pudra şekeri
- 300ml koyulaştırılmış krema, çırpılmış
- 1 yemek kaşığı jelatin
- ¼ su bardağı sıcak su
- 4 mango, soyulmuş ve dilimlenmiş
- 2 yemek kaşığı limon suyu
- 1 mango, soyulmuş ve doğranmış, servis için

TALİMATLAR:

a) Bisküvileri mutfak robotunda iyice ezilene kadar işleyin. Birleştirmek için tereyağı ve nabız ekleyin. 20 cm'lik kelepçeli kalıbın tabanına bastırın. 15 dakika veya sertleşene kadar soğutun.

b) Bu arada, krem peynir ve şekeri pürüzsüz ve kremsi olana kadar bir kasede çırpmak için bir elektrikli karıştırıcı kullanın. Kremayı katlayın.

c) Jelatin ve sıcak suyu küçük bir kapta jelatin eriyene kadar çırpın. Krem peynir karışımının ¼ fincanını jelatin karışımına karıştırın, ardından kalan karışıma ekleyin ve iyice karıştırın. Bisküvi tabanının üzerine krem peynirli karışımın yarısını dökün. Üzerine mango dilimlerinin yarısını, ardından kalan krem peynir karışımını koyun. Gece boyunca veya sertleşene kadar soğutun.

d) Cheesecake'i servis yapmadan 15 dakika önce buzdolabından çıkarın. Sosu yapmak için mango ve misket limonu suyunu bir karıştırıcıya koyun ve pürüzsüz olana kadar karıştırın.

e) Kalan dilimlenmiş mangoyu cheesecake'in üzerine yerleştirin ve coulis'in üzerine gezdirin.

16. Fırınsız Muz Kremalı Cheesecake

Yapar: 4 porsiyon

İÇİNDEKİLER:
PUDİN İÇİN:
- 3.4 ons Muz Kremalı Puding karışımı
- 1 ¾ su bardağı süt

KABUĞU İÇİN:
- 11 onsluk kutu Gofret kurabiyeleri
- ¾ su bardağı tuzsuz tereyağı, eritilmiş

Cheesecake için:
- İki adet 8 onsluk krem peynir paketi, yumuşatılmış
- ½ su bardağı toz şeker
- 2 yemek kaşığı ağır krem şanti
- 1 çay kaşığı vanilya özü

ÜZERİ İÇİN:
- 12 ons Cool Whip, çözülmüş, bölünmüş
- 3 büyük muz, dilimlenmiş
- 6 Gofret, ezilmiş, süslemek için

TALİMATLAR
PUDİN İÇİN:
a) Cheesecake'i monte etmeden önce soğuması ve koyulaşması için birkaç dakikası olması için önce puding karışımını hazırlayın.

b) Küçük bir kapta, puding karışımını ve sütü pürüzsüz olana kadar çırpın. Toplanmaya hazır olana kadar 5 dakika soğutun.

KABUĞU İÇİN:
c) 9 inçlik bir yay şeklindeki kalıbın altını pişirme spreyi ile hafifçe yağlayın. Kenara koyun.

d) Bir mutfak robotunda, vanilyalı gofretleri ince bir kırıntıya kadar öğütün.

e) Eritilmiş tereyağını ekleyin ve bir çatalla birleştirin.

f) Kabuk karışımını kelepçeli kalıbın dibine dökün ve kalın bir kabuk oluşturmak için sıkıca bastırın! Kenara koyun.

Cheesecake için:

g) Krem peyniri şekerle hafif ve kabarık olana kadar 3-4 dakika çırpın. Krem şanti ve vanilyayı ekleyin ve 2-3 dakika daha çırpın, gerekirse kasenin kenarlarını kazıyın.

a) Cheesecake dolgusunu hazırlanan kabuğa dökün.

MONTAJLAMA:

a) Cheesecake dolgunuzu kekinizin üzerine döktükten sonra dilimlediğiniz muzları cheesecake'in üzerine ekleyin.

b) Puding karışımınızı buzdolabından çıkarın ve dilimlediğiniz muzların üzerine dökün.

c) Çözülmüş Cool Whip'in 8 oz'u ile her şeyi doldurun.

d) Tüm pastayı en az 3 saat soğutun.

e) Servis yapmaya hazır olduğunuzda, ayırdığınız 6 kurabiyeyi kullanın ve ezin. Cool Whip'in üstüne serpin.

17. Fırınsız Vegan Berry cheesecake

Yapar: 6

İÇİNDEKİLER:

- Dört adet 8 onsluk paket vegan krem peynir
- 0,5 ons Agar Agar + 1 bardak sıcak su
- 3 ons vegan limonlu jöle + 1 bardak sıcak su
- ¼ su bardağı pudra şekeri
- gofret
- Taze çilek veya ahududu
- İki 3 onsluk kutu vegan çilekli jöle

TALİMATLAR:

a) Bir bardak sıcak suda 2 paket Agar ve 1 bardak limonlu jöleyi eritin.

b) Peynir hazır olduğunda, yaklaşık 2 dakika veya kabarık olana kadar çırpın.

c) Agar Agar ve jöle azar azar eklenmelidir.

d) Tüm topaklar gidene kadar karıştırın. Şekeri ekleyin ve her şey iyice karışana kadar çırpmaya devam edin.

e) Yaylı formun altına vanilyalı gofretleri yerleştirin. Tavayı krem peynir karışımı ile doldurun. En az 2 saat buzdolabında bekletin.

f) Yarısı kadar su ile çilekli jöle yapın.

g) Birkaç dakika soğumaya bırakın.

h) Donan peynir karışımının üzerine çilekleri yerleştirin. Jöle sertleşene kadar soğutun, ardından çileklerin üzerine dökün.

18. <u>Fırınsız Frambuazlı Cheesecake Yer Mantarı</u>

Yapar: 10

İÇİNDEKİLER:

- 2 yemek kaşığı ağır krema
- 8 ons Krem Peynir, Yumuşatılmış
- ½ Bardak Pudralı Swerve
- Bir Tutam Deniz Tuzu
- 1 Çay Kaşığı Vanilyalı Stevia
- 1 ½ Çay Kaşığı Ahududu Özü
- 2-3 Damla Doğal Kırmızı Gıda Boyası
- ¼ Bardak Hindistan Cevizi Yağı, Eritilmiş
- 1 ½ Bardak Çikolata Parçacıkları, Şekersiz

TALİMATLAR:

a) Başlamak için, kremsi olana kadar kaymak ve krem peynirinizi iyice birleştirmek için bir karıştırıcı kullanın.

b) Krema, ahududu özü, stevia, tuz ve gıda boyasını büyük bir karıştırma kabında birleştirin.

c) Her şeyin iyi bir şekilde birleştiğinden emin olun.

d) Hindistan cevizi yağınızı ekleyin ve her şey iyice birleşene kadar yüksek hızda karıştırın.

e) Bitirmeniz gereken sıklıkta kasenizin kenarlarını kazımayı unutmayın. Buzdolabında bir saat oturmasına izin verin. Hamuru yaklaşık ¼ inç çapında bir kurabiye kepçesine ve ardından parşömen kağıdı ile hazırlanmış bir fırın tepsisine dökün.

f) Bu karışımı bir saat dondurun ve ardından bitirmek için eritilmiş çikolatanızla kaplayın! Servis yapmadan önce sertleşmesi için bir saat daha buzdolabına konulmalıdır.

19. Fırınsız Muzlu Oreolu Cheesecake

Yapar: 8

İÇİNDEKİLER

- 200 gr Oreo
- 60 gr tuzsuz tereyağı
- 3 muz dilimlenmiş

SÜSLEME:

- 200 ml çift krema
- 1 poşet bitkisel jel
- 400 gr krem peynir
- 1 çay kaşığı vanilya özü
- 120 gr pudra şekeri
- 50 gr kırık Oreo

GARNİTÜR

- Kırıkları süslemek için 50 gr Oreo

TALİMATLAR

a) 20 cm'lik kelepçeli kek kalıbına pişirme kağıdı serin.

b) 200 gr Oreos'u 2 plastik yemek poşetine koyun ve bir oklava ile parçalayarak kırıntı haline getirin.

c) Tereyağını bir tavada hafif ateşte eritin, ardından Oreo kırıntılarını ekleyin.

d) Kırıntı karışımını kalıba dökün ve eşit şekilde düzleştirin.

e) Muz dilimlerini tabanın üzerine yayın.

f) Yumuşak tepeler oluşana kadar kremayı bir çırpma teli ile çırpın.

g) Bitkisel jeli 200 ml soğuk su üzerine serpip karıştırarak hazırlayın ve bir tencerede kaynatın.

h) 5 dakika soğuması için kenara alın.

i) Krem peynir, şeker ve vanilya özütünü bir kaseye koyun ve iyice karıştırın, ardından kremayı ekleyin.

j) Bitkisel jeli içine dökün ve iyice karışana kadar büyük bir çırpma teli ile çırpın.

k) Kırık Oreoları katlayın.

l) Karışımı bisküvili tabanın üzerine dökün ve üzerini spatula ile düzeltin.

m) Donması için en az 3 saat buzdolabında soğutun.

n) Sertleştikten sonra cheesecake'i kırık oreolarla süsleyin.

20. Pişmemiş Çarkıfelek Cheesecake

İÇİNDEKİLER

BİSKÜVİ TABANI İÇİN

- 200 gr zencefilli bisküvi, diğer adıyla zencefilli kurabiye
- 100 gr Tereyağı

Cheesecake DOLUMU İÇİN

- 400 gr Tam yağlı Philadelphia krem peyniri
- 100 gr Pudra şekeri
- 2 Jelatin Platin sınıfından çıkar, daha sıkı bir set için 3 kullanın
- 200 ml Çift krema
- 100 gr Yunan yoğurdu
- 15 ml Limon suyu
- 2 çay kaşığı vanilya fasulye ezmesi
- 100 ml Çarkıfelek püresi

ÇARKIFELEK MEYVESİ JÖLESİ İÇİN

- 100 ml Çarkıfelek püresi
- 100 ml Çarkıfelek posası
- 75 gr pudra şekeri
- 2 Jelatin yaprağı

TALİMATLAR

BİSKÜVİ TABANI

a) Zencefilli bisküvileri mutfak robotunda ince galeta ununa benzeyene kadar işleyin.
b) Tereyağını eritin ve bisküvi kırıntılarına karıştırın.
c) Bu karışımı fırın kabının tabanına dökün ve düz olacak şekilde bastırın.

peynirli kek dolgusu

a) 2 jelatin yaprağını soğuk su dolu bir kaseye koyun. Yumuşak olana kadar 5-19 dakika bekletin.

b) Krem peynir ve şekeri pürüzsüz olana kadar çırpın.
c) Yunan yoğurdu ve vanilya fasulye ezmesini ekleyin ve karıştırın.
d) Ardından çarkıfelek püresi ve limon suyunu bir tavada ılıyana kadar ısıtın.
e) Jelatin tabakaları sudan boşaltın, tavaya ekleyin ve eriyene kadar karıştırın.
f) Meyve sularını cheesecake hamuruna yedirin - sertleşmeye başlamasını önlemek için sıvı döküldükten sonra hızlı bir şekilde.
g) Kremayı ekleyin ve içinde bir kaşık duracak kadar koyulaşana kadar çırpın.
h) Bisküvi tabanına kaşıkla yayın ve keskin olmayan bir bıçakla düzeltin. 3 saat soğutun.

ÇARKIFELEK MEYVESİ JÖLE TASSİ

a) Kalan 2 yaprak jelatini soğuk suya atıp yumuşamaya bırakın.
b) Çarkıfelek püresini ve taze çarkıfelek meyvesi posasını şekerle birlikte küçük bir tencereye koyun ve şeker eriyene kadar yaklaşık 60C/120F'ye ısıtın.
c) Jelatini boşaltın, tavaya ekleyin ve çözünmesi için karıştırın.
d) Yaklaşık 40C/ 80F'ye soğumaya bırakın, ardından cheesecake'in üstüne dökün.
e) Cheesecake'i 3 saat daha buzdolabına koyun.

fındıklı cheesecake

21. Fırınsız Portakallı ve macadamialı cheesecake

Yapar: 4 porsiyon

İÇİNDEKİLER
DOLGU
- 1 bardak portakal suyu
- 1 su bardağı pudra şekeri
- 4 yumurta, ayrılmış
- 2 portakal, ince rendelenmiş kabuğu
- 1 ½ yemek kaşığı jelatin
- ⅓ su bardağı yeni kaynamış su
- Oda sıcaklığında iki adet 8 onsluk krem peynir paketi
- 1 su bardağı kalınlaştırılmış krema, çırpılmış

PORTAKAL VE MACADAMIA PEYNİRKEK
- ¾ su bardağı buğday unlu bisküvi, kırılmış
- ¾ su bardağı macadamia, hafifçe ezilmiş
- ½ su bardağı tereyağı, eritilmiş
- ¼ çay kaşığı öğütülmüş tarçın
- portakal dilimleri, hizmet etmek için

TALİMATLAR
PORTAKAL VE MACADAMIA PEYNİRKEK
a) 28 cm'lik kelepçeli kalıbı hafifçe yağlayın.
b) Bisküvileri ve fındıkların yarısını mutfak robotuna koyun ve iyice parçalanana kadar işleyin. Tereyağı ve tarçın ekleyin. Birleştirilene kadar işlem yapın.
c) Karışımı hazırlanan tavanın tabanına sıkıca bastırın. Sertleşene kadar 15 dakika soğutun.
DOLGU YAPIN;

a) suyu, şekeri, yumurta sarısını ve kabuğunu ısıya dayanıklı bir kapta birleştirin. Kaynayan su dolu bir tencerenin üzerinde 4-5 dakika koyulaşana ve köpürene kadar çırpın. Ateşten alın.

b) Bu arada küçük bir sürahide jelatini suda eriyene kadar çatalla hızlıca çırpın. Hafifçe soğutun.

c) Küçük bir kapta, bir elektrikli karıştırıcı kullanarak krem peyniri pürüzsüz olana kadar çırpın. Yavaş yavaş yumurta ve jelatin karışımlarında karıştırın. Karışımı büyük bir kaba aktarın. Kremayı katlayın.

d) Yumurta aklarını orta boy bir kapta yumuşak zirveler oluşana kadar çırpın. Peynir karışımına katlayın.

e) Hazırlanan tavaya dökün. Kalan macadamialarla süsleyin. 3 saat veya gece boyunca soğutun. Portakal dilimleri ile tepesinde servis yapın.

22. Bademli Cheesecake

Yapar: 4 porsiyon

İÇİNDEKİLER
DOLGU İÇİN:
- Üç adet 8 onsluk krem peynir paketi
- ½ su bardağı toz şeker
- 1 çay kaşığı badem özü
- 1 su bardağı soğuk ağır krema, çırpılmış

KABUĞU İÇİN:
- 1½ su bardağı ezilmiş graham kraker
- 1 su bardağı çekilmiş badem
- ½ su bardağı toz şeker
- 6 yemek kaşığı tuzsuz tereyağı, eritilmiş

SOSU:
- dilimlenmiş badem, meyve, çilek, çikolata vb.

TALİMATLAR
a) Krem peynir ve şekeri krema haline getirin.

b) Bir stand mikseri ve bir çırpma aparatı kullanarak, ağır kremayı kalınlaşana kadar çırpın.

c) Badem özünü ve çırpılmış ağır kremayı krem peynir karışımına karıştırın ve sonra bir kenara koyun.

d) 9 veya 10 inçlik yay biçimli bir tavada, kabuk için malzemeleri karıştırın. üzerine hafifçe vurun

e) tavanın altını kısın ve 15 dakika dondurun.

f) Cheesecake dolgusunu hamurun üzerine yayın ve cheesecake'in üstünü düzeltin.

g) 12 saat veya bir gece buzdolabında bekletin.

h) Cheesecake'i kelepçeli kalıptan çıkarmadan önce 10-15 dakika dondurun.

23. Fırınsız çikolatalı fındıklı cheesecake

Yapar: 10-12 porsiyon

İÇİNDEKİLER

- 140 gr tuzsuz tereyağı
- 10 ons sindirim bisküvi, parçalanmış
- 500 gr krem peynir, yumuşatılmış
- 85 gr pudra şekeri
- 300ml çift krema
- 1 çay kaşığı vanilya özü
- 15 adet fındıklı çikolata
- 4 yemek kaşığı fındıklı kremalı çikolata
- 25 gr fındık, kabaca doğranmış

TALİMATLAR

a) Cheesecake tabanını hazırlayın: Tereyağını küçük bir tavada orta ateşte eritin. Bisküvileri bir mutfak robotunda ince bir kırıntı haline getirin, eritilmiş tereyağını ekleyin ve iyice karışana kadar karıştırın. 23 cm'lik kelepçeli kek kalıbına dökün ve tabana sıkıca bastırın. Dolguyu yaparken soğutun.

b) Krem peynir ve pudra şekerini yumuşaması için bir kapta çırpın. Ayrı bir kapta krema ve vanilyayı yumuşak tepecikler oluşana kadar çırpın, ardından krem peynirin içine katlayın. Doğranmış çikolataları karıştırın. Bisküvi tabanının üzerine dökün ve spatula ile düzeltin. Sarılmak film ile örtün ve gece boyunca soğutun.

c) Sertleştikten sonra, bir tencereye yayılmış fındık çikolatasını koyun ve düşük ısıda 3-4 dakika akışkan olana kadar eritin. cheesecake'in üstüne yaymadan önce biraz soğumaya bırakın. Kalan çikolata ve biraz kıyılmış fındık ile süsleyin. Servis yapmaya hazır olana kadar soğutun.

24. Fırınsız Badem ve Yabanmersinli Cheesecake

Yapılışı: 1 cheesecake

İÇİNDEKİLER:

KABUK

- ½ su bardağı rendelenmiş hindistan cevizi
- 1 su bardağı kavrulmuş badem
- 1 yemek kaşığı hindistancevizi yağı, eritilmiş
- 1 çay kaşığı vanilya özü

DOLGU

- 2 su bardağı kaju, 12 saat ıslatılmış, durulanmış ve süzülmüş
- 3 yemek kaşığı oda sıcaklığında limon suyu
- ½ bardak akçaağaç şurubu
- ½ su bardağı hindistancevizi yağı, eritilmiş
- 8 damla demlenmiş yağ - yaban mersini aroması
- 2 bardak taze yaban mersini

TALİMATLAR:

a) Parşömen kağıdı ile 9 inçlik yuvarlak bir kek kalıbını hizalayın.

b) Kabuk malzemelerini bir mutfak robotunda birleştirin ve 1 dakika karıştırın.

c) Hazırlanan kek kalıbının tabanına kabuk karışımını bastırın.

d) Kabuğu sırlayın ve dondurucuya koyun.

e) Dolgu için tüm malzemeleri pürüzsüz olana kadar bir karıştırıcıda karıştırın.

f) Dondurulmuş kabuğu dondurucudan çıkarın ve bir fırın tepsisine yerleştirin. Cheesecake dolgusunu üstüne dökün.

g) Servis yapmadan 30 dakika önce cheesecake'i dondurun.

25. Pişirmeden Badem Yemekli Cheesecake

Yapar: Bir adet 7 inçlik cheesecake

İÇİNDEKİLER:
KABUĞU İÇİN

- 2 su bardağı glutensiz badem unu
- ¼ çay kaşığı tuz
- 1½ yemek kaşığı esmer şeker
- ¼ su bardağı tuzsuz tereyağı, eritilmiş

PEYNİRLİ KEK İÇİN

- 1 pound krem peynir, oda sıcaklığında
- 2 yemek kaşığı mısır nişastası
- ⅔ su bardağı toz şeker Bir tutam tuz
- ½ su bardağı ekşi krema, oda sıcaklığında
- 2 çay kaşığı glutensiz vanilya özü
- ⅛ çay kaşığı glutensiz badem özü
- 2 büyük yumurta, oda sıcaklığında
- 1 bardak soğuk su

TALİMATLAR:

KABUK

a) Yaylı bir tavanın altını ve yanlarını yapışmaz pişirme spreyi ile hafifçe püskürtün.

b) Yaylı kalıbınızın tabanıyla aynı boyutta bir parşömen kağıdı dairesi kesin. Parşömen dairesini tavanızın tabanına yerleştirin ve ilave yapışmaz sprey ile hafifçe püskürtün. Kenara koyun.

c) Küçük bir kapta badem unu, tuz ve esmer şekeri karıştırın. Eritilmiş tereyağını ekleyin ve birbirine yapışana kadar bir çatalla karıştırın.

d) Kabuk karışımını hazırlanan tavaya dökün. Parmaklarınızla yayın ve eşit bir tabaka oluşturmak için hafifçe bastırın. Cheesecake hamurunu hazırlarken tepsiyi buzdolabına koyun.

ÇİZKEK

e) Orta boy bir karıştırma kabında, krem peyniri bir el mikseri ile düşük hızda pürüzsüz olana kadar çırpın. Küçük bir karıştırma kabında mısır nişastası, toz şeker ve tuzu birleştirin. Şeker karışımının yarısını krem peynire ekleyin ve sadece karışana kadar çırpın. Kasenizin kenarlarını bir spatula ile kazıyın.

f) Kalan şeker karışımını ekleyin ve yeni karışana kadar çırpın. Krem peynir karışımına ekşi krema ve vanilya ve badem özlerini ekleyin. Sadece bir araya gelene kadar çırpın.

g) Yumurtaları birer birer ekleyin ve her eklemeden sonra kaseyi iyice kazıyın. Fazla karıştırmayın.

h) Kabuğu dondurucudan çıkarın. Sızıntıları önlemek için tavanın altını alüminyum folyo ile sıkıca sarın. Krem peynir hamurunu kabuğun üzerine dökün. Hava kabarcıklarını gidermek için tezgaha hafifçe vurun.

i) Düdüklü tencerenizin iç kabına soğuk suyu dökün. Tencereye bir nihale yerleştirin. Cheesecake tepsisini altlığın üzerine dikkatlice yerleştirmek için bir folyo askı kullanın. Tencerenin suya değmediğinden emin olun.

j) Kapağı kapatın ve kilitleyin, buhar tahliye düğmesinin sızdırmazlık konumunda olduğundan emin olun. 40 dakika yüksek basınçta pişirin. Bittiğinde, serbest bırakma düğmesini havalandırma konumuna çevirerek ve buharı serbest bırakarak hızlı serbest bırakma yöntemini kullanın.

k) Şamandıra pimi düştüğünde, kapağın kilidini açın ve dikkatlice açın. Herhangi bir yoğuşmayı emmek için cheesecake'in yüzeyini bir kağıt havluyla hafifçe kurulayın.

l) Cheesecake'i dikkatlice çıkarın ve soğuması için bir tel ızgara üzerine yerleştirin.

m) Cheesecake tamamen soğuduktan sonra 6 ila 8 saat veya gece boyunca buzdolabına koyun. Servis yapacağınız zaman cheesecake'i buzdolabından çıkarın. Kelepçeli kalıbın kenarlarını açın ve parşömen kağıdı ile kabuk arasına ince bir bıçak sokun ve ardından dikkatlice bir servis tabağına kaydırın.

SEBZELİ PEYNİRLİ KEKLER

26. Fırınsız Ube Cheesecake

Yapar: 12 dilim

İÇİNDEKİLER
DOLGU MALZEMELERİ

- 2 su bardağı vegan krem peynir
- 1 su bardağı 250 gram
- 1 su bardağı hindistan cevizi kreması
- ½ bardak akçaağaç şurubu
- ½ yemek kaşığı vanilya
- ½ yemek kaşığı tarçın

KABUK MALZEMELERİ

- 2 su bardağı pekan cevizi
- ¼ bardak hindistan cevizi şekeri
- ¼ bardak hindistan cevizi yağı
- Bir tutam vanilya
- bir tutam tuz

TALİMATLAR

a) Küpünüzü yıkayarak ve soyarak başlayın. Sonra kabaca daha küçük parçalara kesin.

b) Ube'yi kaynar suya koyun ve yam süper yumuşak olana ve içine kolayca çatal saplayabileceğiniz kadar 7-10 dakika kaynatın.

c) Ube piştikten sonra, bir çatal veya patates ezici kullanarak ezin.

d) Yaklaşık 1 bardağa eşit olan 250 gram ölçün.

e) Ube, krem peynir, hindistancevizi kreması, akçaağaç şurubu, vanilya ve tarçını bir mutfak robotuna ekleyin ve tüm malzemeleri süper pürüzsüz olana kadar karıştırın.

f) Süper pürüzsüz bir doku istediğim için benimkini en az beş dakika yüksek hızda karıştırdım.

g) Cheesecake dolgusu kremsi ve pürüzsüz hale geldiğinde bir kenara koyun.

h) Temiz bir mutfak robotuna cevizleri, şekeri, hindistancevizi yağını, vanilyayı ve tuzu ekleyin. İyice birleştirilene kadar onları darbeleyin.

i) Kelepçeli bir kalıbı parşömen kağıdı ile kaplayın ve hindistancevizi yağı ile cömertçe yağlayın.

j) Kabuk dolgusunu tavaya aktarın. Biraz yumuşak ve akıcı olabilir ama sorun değil çünkü buzdolabında sertleşecek.

k) Tavaya eşit şekilde dağıldığından emin olmak için bir kaşık kullanın.

l) Şimdi cheesecake dolgusunu kabuğun üzerine dökün ve üstünü düzleştirmek ve eşit bir katman oluşturmak için bir kaşık kullanın.

m) Cheesecake'i gece boyunca veya 6 saat veya daha fazla soğutun. Tamamen sertleşmesi için bu zamana ihtiyacı olacak.

n) Kek hazır olduğunda, dilimleyin ve tadını çıkarın!

27. Fırınsız Kabak Turtası Cheesecake

Yapar: 2 porsiyon

İÇİNDEKİLER:
KABUĞU İÇİN
- ¾ su bardağı Badem Unu
- ½ su bardağı keten tohumu küspesi
- ¼ fincan tereyağı
- 1 tatlı kaşığı kabak tatlısı baharatı
- 25 damla Sıvı Stevia

DOLGU İÇİN
- 6 ons Krem Peynir
- ⅓ su bardağı Kabak Püresi
- 2 yemek kaşığı Ekşi Krema
- ¼ bardak Ağır Krema
- 3 yemek kaşığı Tereyağı
- ¼ çay kaşığı bal kabağı turtası baharatı
- 25 damla Sıvı Stevia

TALİMATLAR:
a) Kabuğun tüm kuru malzemelerini iyice karıştırın.

b) Kuru malzemeleri tereyağı ve sıvı stevia ile bir hamur oluşana kadar karıştırın.

c) Hamuru mini tart kalıplarınıza yerleştirin.

d) Tüm dolgu malzemelerini bir blender kullanarak çırpın ve soğutun.

e) Yaklaşık 5 saat sonra dilimleyin ve krem şanti ile süsleyin.

28. Fırınsız Cheesecake avokado ve misket limonu ile

Yapar: 4 porsiyon

İÇİNDEKİLER
TABAN İÇİN
- 8 ons sindirim bisküvi
- 3 ons tuzsuz tereyağı, eritilmiş
- ½ limon kabuğu rendesi
- 1 çay kaşığı limon suyu

PEYNİRLİ KEK İÇİN
- 10 ons krem peynir
- Avokado ile karıştırmak için 7 ons çift krema
- 1 olgun avokado
- 1 limonun suyu ve kabuğu rendesi
- 1 su bardağı toz beyaz şeker
- 3,5 ons tuzsuz tereyağı eritildi
- 4 nane yaprağı
- Garnitür için biraz nane yaprağı ve portakal/limon/ıhlamur çiçekleri

TALİMATLAR
TEMEL
a) Sindirim bisküvilerini bir mutfak robotuna alın ve kırıntı olana kadar karıştırın.

b) Eritilmiş tereyağı ve limon kabuğu rendesi ve limon suyunu ekleyin, ardından her şey eşit şekilde kaplanana kadar karıştırın.

c) Karışımı bardaklara dökün ve bir kaşığın arkasını kullanarak eşit bir tabaka halinde bastırın.

DOLGU
d) Eritilmiş tereyağı hariç tüm malzemeleri bir mutfak robotuna ekleyin.

e) 3-4 dakika veya tüm malzemeler birleşene kadar iyice karıştırın.

f) Ardından, düşük hızda karıştırmaya devam ederken, karışıma yavaş yavaş tereyağı ekleyin.

g) Karışım biraz akışkan bir kıvam almalı merak etmeyin buzdolabında kendi kendine koyulaşacaktır.

h) Karışımı cheesecake tabanının üzerine dökün. Bardağın tam üstüne dökün, ardından bir bıçağın arkasını kullanarak üst kısmı 'düzeltin' ve mükemmel pürüzsüz bir üst kısım elde edin.

i) Servis yapmadan önce en az 2-3 saat buzdolabında bekletin. Birkaç dal taze nane, limon şekerlemesi veya narenciye çiçekleri ile süsleyin.

29. Pişirmeden Zencefilli Şekerleme Kabak Cheesecake

Yapılışı: 1 cheesecake

İÇİNDEKİLER:

- 1 ½ su bardağı ezilmiş zencefilli kurabiye
- 1 yemek kaşığı eritilmiş tereyağı
- 16 ons krem peynir
- ½ su bardağı kabak püresi
- 1 yemek kaşığı un
- ¼ bardak akçaağaç şurubu
- ¼ su bardağı esmer şeker
- 1 çay kaşığı kabak baharatı
- 2 yumurta

TALİMATLAR:

a) Bir kapta zencefil ve tereyağını karıştırın. Kenara koyun.

b) Parşömen kağıdı ile çıkarılabilir bir alt tavada. Ezilmiş zencefilli karışımı tavaya dökün ve düz tabanlı bir bardakla düzleştirin. Sertleşmesi için buzdolabına koyun.

c) Başka bir kapta krem peynir, kabak püresi, un, akçaağaç şurubu, esmer şeker ve kabak baharatını pürüzsüz olana kadar karıştırın. Ardından, bir yumurtayı birer birer karıştırın, sadece birleştirilene kadar karıştırın. Bir spatula ile bitirin. Hazırlanan kek kalıbına dökün ve folyo ile kaplayın.

d) Multipot'ta 1 su bardağı su ekleyin ve cheesecake tavasını nihaleye koyun. İç tencereye indirin ve kapağını kapatın. Mühürlemek için basınç göstergesini hareket ettirin ve kek işlevini 30 dakika boyunca açın.

e) Bittiğinde, hızlı basınca bırakın ve kalan buharı boşaltmak için kapağı birkaç dakika açın. Makineyi kapatın ve kapağı kapatın.

f) Bir saat kadar sıcaklığın doğal olarak düşmesine izin verin ve cheesecake'i çıkarın. Soğuması için en az 4-5 saat buzdolabında bekletin. Eğlence!

30. Fırınsız Kabak Turta Cheesecake Tart

Yapar: 1

İÇİNDEKİLER:

KABUK

- ¾ su bardağı Badem Unu
- ½ su bardağı keten tohumu küspesi
- ¼ bardak Tereyağı
- 1 tatlı kaşığı kabak tatlısı baharatı
- 25 damla Sıvı Stevia

DOLUM

- 6 ons Vegan Krem Peynir
- ⅓ su bardağı Kabak Püresi
- 2 yemek kaşığı Ekşi Krema
- ¼ fincan Vegan Ağır Krema
- 3 Yemek Kaşığı Tereyağı
- ¼ çay kaşığı bal kabağı turtası baharatı
- 25 damla Sıvı Stevia

TALİMATLAR:

a) Kabuğun tüm kuru malzemelerini birleştirin ve iyice karıştırın.

b) Kuru malzemeleri tereyağı ve sıvı stevia ile bir hamur oluşana kadar karıştırın.

c) Mini tart kalıplarınız için hamuru küçük toplar halinde yuvarlayın.

d) Hamuru tart kalıbının kenarına, kenarlara ulaşana ve yukarı çıkana kadar bastırın.

e) Tüm dolgu malzemelerini bir karıştırma kabında birleştirin.

f) Doldurma malzemelerini bir daldırma karıştırıcı kullanarak karıştırın.

g) Dolgu malzemeleri pürüzsüz hale geldiğinde, onları kabuğa dağıtın ve soğutun.

h) Buzdolabından çıkarın, dilimleyin ve krem şanti ile süsleyin.

otlu cheesecake

31. Fırınsız Fesleğen, misket limonu ve çilekli cheesecake

Yapar: 8 porsiyon

İÇİNDEKİLER

Fesleğenli, Kireçli ve Çilekli Cheesecake

- yemeklik yağ spreyi
- ½ su bardağı scotch finger bisküvi
- ½ su bardağı tereyağı, eritilmiş
- 3 çay kaşığı toz jelatin
- ¼ su bardağı sıcak su
- 1½ su bardağı krem peynir, yumuşatılmış
- ½ su bardağı pudra şekeri
- 1 yemek kaşığı ince rendelenmiş kireç kabuğu
- 1½ su bardağı koyulaştırılmış krema
- ½ su bardağı limon suyu
- 2 yemek kaşığı ince kıyılmış taze fesleğen
- 2 yemek kaşığı taze bebek fesleğen yaprağı
- 2 yemek kaşığı su
- ½ su bardağı çilek reçeli
- 1 yemek kaşığı limon suyu
- 8 taze fesleğen yaprağı
- 1 bardak çilek, yarıya

TALİMATLAR

a) Yay biçimli bir tavaya yağ püskürtün; tabanı pişirme kağıdı ile hizalayın.

b) Bisküvileri ince olana kadar işleyin. Tereyağı ekleyin; birleştirene kadar işlem yapın.

c) Karışımı tencerenin tabanına sıkıca bastırın. 30 dakika soğutun.

d) Isıya dayanıklı küçük bir sürahi içindeki sıcak suyun üzerine jelatin serpin; sürahiyi içinde kaynayan su bulunan küçük bir tencereye koyun ve jelatin eriyene kadar karıştırın. Serin.

e) Orta boy bir kapta, krem peynir ve şekeri çırpın ve pürüzsüz olana kadar bir elektrikli karıştırıcı ile soyun. krema ekleyin; pürüzsüz olana kadar çırpın.

f) Meyve suyu, soğutulmuş jelatin karışımı ve ince kıyılmış fesleğen ekleyin; birleşene kadar çırpın. Dolguyu bisküvi tabanının üzerine dökün. Kapak; ayarlanana kadar yaklaşık 3 saat veya gece boyunca buzdolabında.

g) Servis yapmadan hemen önce cheesecake'i çilek ve şurupla doldurun; fesleğen yaprakları serpin.

h) Küçük bir tencerede su, reçel, meyve suyu ve fesleğeni kısık ateşte reçel eriyene kadar karıştırın. kaynatın.

i) Ateşten alın; çilekleri karıştırın. Serin; fesleğen atın.

32. Fırınsız Matcha cheesecake

Yapar: 8 porsiyon

İÇİNDEKİLER

- 1 su bardağı fındıklı bisküvi
- ½ su bardağı eritilmiş tereyağı
- 2 çay kaşığı öğütülmüş zencefil
- 1 su bardağı yumuşamış krem peynir
- 1 su bardağı koyulaştırılmış krema
- 1 yemek kaşığı limon suyu
- 1 çay kaşığı vanilya fasulyesi ezmesi
- 1 çay kaşığı matcha tozu, artı 1 çay kaşığı ekstra
- 2 çay kaşığı jelatin
- ¼ su bardağı yeni kaynamış su
- 1 su bardağı eritilmiş beyaz çikolata

TALİMATLAR

a) 20 cm'lik kelepçeli kalıbın tabanını ve kenarlarını yağlayıp hizalayın.

b) Bir mutfak robotunda bisküvileri ince kırıntılara kadar nabızlayın. Tereyağı ve zencefili ekleyip iyice karıştırın. Tencerenin tabanına sıkıca bastırın. 10 dakika dondurun.

c) Bir elektrikli karıştırıcı kullanarak orta boy bir kapta, krem peyniri pürüzsüz olana kadar çırpın. Yumuşak zirvelere kadar çırpılmış kremayı, limon suyunu, vanilya çekirdeği ezmesini ve 1 çay kaşığı matcha tozunu pürüzsüz olana kadar çırpın.

d) Jelatini kaynamış suyun üzerine serpin ve çözülmesi için bir çatalla kuvvetlice çırpın. Krem peynir karışımına çırpın, ardından yavaş yavaş beyaz çikolatayı ekleyin ve birleştirmek için çırpın.

e) Krem peynir karışımını ⅓ fincan ayırarak tavaya dökün. Ekstra matcha tozunu ayrılmış karışıma çırpın. Cheesecake'in üzerine büyük topları kaşıkla koyun ve bir tereyağı bıçağı kullanarak hafifçe döndürün. 4 saat veya gece boyunca örtülü olarak soğutun. Ekstra matcha tozu serperek servis yapın.

33. Fırınsız Fesleğenli ve Limonlu Cheesecake

Yapar: 12 porsiyon

İÇİNDEKİLER

LİMON KABUK

● 2½ su bardağı vanilyalı kurabiye kırıntısı ¼ su bardağı tuzsuz tereyağı, eritilmiş

● 2 yemek kaşığı limon kabuğu rendesi

DOLGU

● 1¼ su bardağı ağır çırpılmış krema, soğuk

● Üç adet 8 onsluk krem peynir paketi, oda sıcaklığında

● ¾ su bardağı pudra şekeri

● 2 yemek kaşığı limon suyu

● 1 su bardağı paketlenmiş fesleğen yaprağı, yıkanmış ve kurutulmuş

● bir tutam tuz

● garnitür için yıkanmış ve kurutulmuş küçük fesleğen yaprakları

TALİMATLAR

LİMON KABUK

a) Kurabiyeleri bıçak aparatı takılı bir mutfak robotuna ekleyin ve oldukça ince kırıntılar elde edene kadar karıştırın.

b) Kırıntıları büyük bir karıştırma kabına ekleyin ve eritilmiş tereyağı ve limon kabuğu rendesi ile karıştırın.

c) 9 inçlik yay biçimli bir tavaya dökün ve alt yüzeye eşit ve sıkıca bastırın. Dolguyu yaparken kabuğu buzdolabına yerleştirin.

DOLGU

d) Kremayı sert zirveler halinde çırpmak için bir elektrikli karıştırıcı veya çırpma aparatına sahip bir stand mikseri kullanın. Bu yaklaşık 2 dakika sürecektir. Kenara koyun.

e) Şimdi krem peynir ve pudra şekerini bıçak eki ile donatılmış mutfak robotuna ekleyin. Tamamen pürüzsüz olana kadar karıştırın. Limon suyu, vanilya, fesleğen ve bir tutam tuz ekleyin ve fesleğen yeşil benekler olana kadar karıştırın. Bunu büyük bir karıştırma kabına eklemek için lastik bir spatula kullanın.

f) Çırpılmış kremayı, birleştirilene kadar peynir karışımına katlayın.

g) Kabuğu buzdolabından çıkarın ve dolguyu tavaya dökün. Üst kısmı düzleştirin ve plastik örtü ile örtün. Gece boyunca soğutun.

h) Soğuyan cheesecake'i kelepçeli kalıbın kenarından ayırmak için bir bıçak kullanın, ardından kenarını çıkarın.

i) Küçük fesleğen yaprakları ile süsleyin, dilimleyin ve servis yapın.

34. Fırınsız Nane cheesecake

Yapar: 4 porsiyon

İÇİNDEKİLER

NANE ŞURUBU

- 1½ bardak pudra şekeri
- 2½ bardak su
- nane yaprakları

KEK KABUK

- 1 su bardağı çikolatalı kurabiye
- ½ su bardağı tuzsuz tereyağı

peynirli kek dolgusu

- 2 su bardağı krem peynir
- 1 su bardağı taze ağır çırpılmış krema
- ½ su bardağı nane şurubu
- 10 gr jelatin
- ¼ bardak süt
- 1 çikolata

TALİMATLAR

a) Nane şurubunu hazırlayın: Nane yapraklarını yıkayın ve kurulayın. Naneyi şekerin yarısı ile mutfak robotunda çekin.
b) Suyu kalan şekerle kaynatın.
c) Nane ve şeker karışımını kaynayan suya ekleyin ve 6 dakika pişirin.
d) 12 saat soğumaya bırakın ve ince bir kevgir ile süzün.
e) Şurubu şişeleyin ve buzdolabında saklayın
f) Cheesecake kabuğunu hazırlayın: kurabiyeleri öğütmek için bir mutfak robotu kullanın
g) Tereyağını eritip bisküvilerin üzerine dökün, kaşıkla karıştırın.
h) Kurabiye kırıntısı karışımını kelepçeli bir kalıba dökün ve tabana ve yanlara doğru bastırın. Bu pasta kabuğunu doldurmadan önce buzdolabında 10 dakika soğutun.

i) Dolguyu hazırlayın: Ağır çırpılmış kremayı bir kaseye dökün ve yüksek hızda çırpın. Buzdolabında saklayın.

j) Bir kasede krem peyniri nane şurubu ile karıştırın.

k) Jelatini birkaç dakika soğuk suda bekletin.

l) Biraz süt ısıtın ve sıkılmış jelatini ekleyin. Bu karışımı krem peynir ve nane şurubu ile kaseye ekleyin.

m) Çırpılmış kremayı hamura ekleyin.

n) Dolguyu kalıba yayın ve 2 saat buzdolabında saklayın.

o) Kelepçeli kalıbın kenarını çıkarın ve cheesecake'i tabağa alın.

p) Çikolata parçaları ve nane yaprakları ile süsleyin.

35. Pişirmeden Biberiye Ballı Cheesecake

Yapar: 8 porsiyon

İÇİNDEKİLER

- 400 gr krem peynir
- 10 ons çift krema
- 150 gr bal
- ½ çay kaşığı vanilya fasulye ezmesi
- 2 dal biberiye
- 200g sindirim bisküvi
- 50 gr ceviz
- 120 gr tuzsuz tereyağı

TALİMATLAR

a) Biberiyeyi ince ince doğrayın.

b) Biberiyenin yarısını ve tüm tereyağını bir tavaya ekleyin ve kısık ateşte eritin. Tabanın geri kalanını hazırlarken demlenmeye bırakın.

c) Sindirim bisküvilerini ve cevizleri ince bir toz haline getirin veya ezin.

d) Bisküvi ve fındık tabanını eritilmiş biberiye yağı ile kalın bir macun oluşturmak için karıştırın. Kelepçeli kalıbın tabanına pişirme kağıdı serin ve tabanı kalıba dökün. Buzdolabına koyun ve katılaşması için 15-20 dakika bekletin.

e) Bu arada, kremayı sert tepeler oluşana kadar çırpın ve bir kenara koyun.

f) Krem peyniri hafif ve havadar olana kadar çırpın, ardından vanilyayı, kalan biberiyeyi ve balı ekleyin. Tekrar kırbaçla.

g) Krem peynir karışımını bir spatula kullanarak çift krema ile birleştirin.

h) Bisküvi tabanının üzerine hazırladığınız karışımı dökün, üzerini streç filmle kapatın ve tekrar buzdolabına kaldırın. Ayarlamak için 1 saat bırakın.

i) Servis yapmak için, kelepçeli kalıbın altını dışarı doğru itin ve cheesecake'i tabandan bir tabağa veya servis tabağına kaydırın.

36. Fırınsız Naneli Nektarinli Cheesecake Tart

Yapar: 12 porsiyon

İÇİNDEKİLER

- 1 ons Aromasız Jelatin
- 2 bardak karbonatlı limonlu soda, bölünmüş
- ½ su bardağı şeker, bölünmüş
- 1 su bardağı graham kraker kırıntısı
- ¼ fincan tereyağı, eritilmiş
- 8 ons Krem Peynir, yumuşatılmış
- 1 çay kaşığı limon kabuğu rendesi
- 1½ su bardağı çözülmüş Çırpılmış Topping
- 1½ su bardağı karışık taze meyveler
- 1 nektarin, dilimlenmiş
- taze nane yaprakları

TALİMATLAR

a) Küçük bir kasede ½ su bardağı sodanın üzerine jelatin serpin. Kalan sodayı bir tencerede kaynatın.

b) 2 yemek kaşığı şekerle birlikte jelatine ekleyin; 3 dakika karıştırın. jelatin tamamen eriyene kadar.

c) Pişirme spreyi püskürtülmüş 9 inçlik kare bir tavaya dökün.

d) 45 dakika soğutun. veya ara sıra karıştırarak hafifçe koyulaşana kadar.

e) Graham kırıntıları, tereyağı ve kalan şekerden 2 yemek kaşığı birleştirin; 9 inçlik yay biçimli bir tavanın altına bastırın. Kullanıma hazır olana kadar soğutun.

f) Krem peynir, limon kabuğu rendesi ve kalan şekeri orta boy bir kapta mikserle karışana kadar çırpın.

g) Çırpılmış malzemeyi hafifçe karıştırın; kabuğun üzerine yayılır.

h) Tartın üstünü meyve ve nane ile çiçeklere benzeyecek şekilde süsleyin.

i) Jelatin karışımı ile kaplayın.

j) 3 saat veya sertleşene kadar soğutun. Turtayı gevşetmek için tava kenarına bir bıçak gezdirin; Servis yapmadan önce tava kenarını çıkarın.

37. Pişirmeden Zencefilli ve Kişnişli Cheesecake

Yapar: 12 porsiyon

İÇİNDEKİLER:
ZENCEFİL KABUK

- 25 adet zencefilli bisküvi
- 2 çay kaşığı kuru kişniş
- 90 gr tuzsuz tereyağı

DOLGU

- 500 gr tam yağlı krem peynir
- 300ml ağır krema
- 3.5 ons şeker
- 1 yemek kaşığı pudra şekeri
- 2 yemek kaşığı kıyılmış kök zencefil
- Kök zencefil kavanozundan 1 yemek kaşığı şurup
- 30 gr taze kişniş demetinden yapraklar
- 1 mango
- 1 yemek kaşığı jelatin

SÜSLEME

- 1 mango
- 1 yemek kaşığı jelatin
- 1 misket limonunun suyu

KABUK YAPMAK İÇİN

a) Bisküvileri ister mutfak robotunda ister plastik bir poşete koyup oklava ile ezerek ince kırıntı haline getirin ve kuru kişnişi ekleyin.

b) Tereyağını eritip bisküvili karışıma ekleyin. İyice birleştirin ve ardından 9 inçlik yay biçimli bir kek kalıbına dökün. Bir kaşığın arkasını kullanarak, eşit şekilde paketlenmiş bir taban oluşturmak için karışımı aşağı doğru bastırın.

c) Ayarlamak için buzdolabına aktarın.

DOLDURMAK İÇİN

d) 2 mangonun etini bir blender ile püre haline getirin. Yarısını daha sonrası için buzdolabına koyun.

e) Jelatini bir bardak ılık suyun yaklaşık üçte birinde eritin ve soğumaya bırakın.

f) Zencefil ve taze kişnişi çok ince doğrayın ve bir kenara koyun.

g) Büyük bir karıştırma kabında, kuvvetlice karıştırmak için bir kaşık kullanarak krem peynir, şeker ve pudra şekerini birleştirin. Sonra mango püresini ve jelatini ilave edin.

h) Ayrı bir kapta, kremayı yumuşak tepeler oluşana kadar çırpın. Bunu krem peynir karışımına yavaşça karıştırın. Zencefili ve taze kişnişi eşit şekilde karışana kadar yavaşça katlayın.

i) Karışımı bisküvili tabanın üzerine döküp buzdolabına kaldırın. Malzemeyi eklemeden önce en az 2 saat soğumaya bırakın.

ÜSTÜNÜ YAPMAK İÇİN

j) Kalan mango püresine bir limonun suyunu ekleyin.

k) 1 çay kaşığı jelatini yaklaşık 3 yemek kaşığı ılık suda eritin ve iyice karıştırarak mango karışımına ekleyin. En üste muhallebiyi dökün ve kaşık yardımı ile eşit şekilde yayın.

l) Pastayı buzdolabına geri koyun. En az 3 saat daha soğumaya bırakın – ama ideal olarak gece boyunca.

m) Dikkatlice kalıptan çıkarın ve bir tabağa veya kek standına aktarın.

KURABİYE VE ŞEKERLİ PEYNİRLİLER

38. Fırınsız Toblerone cheesecake

Yapar: 8 porsiyon

İÇİNDEKİLER

- ½ su bardağı sade çikolatalı bisküvi
- ¼ fincan öğütülmüş badem
- ½ bardak tuzlu tereyağı, eritilmiş
- 2½ su bardağı Philadelphia krem peyniri, yumuşatılmış
- ½ su bardağı pudra şekeri
- 1 su bardağı Toblerone çikolata, eritilmiş
- ½ fincan kalınlaştırılmış krema
- 1 su bardağı Toblerone çikolata, ekstra, rendelenmiş

TALİMATLAR

a) Bisküvileri mutfak robotunda ince galeta ununa benzeyene kadar işleyin. Badem ve tereyağı ekleyin. Birleştirmek için 10 saniye daha işleyin. Bisküvi kırıntılarını hafifçe yağlanmış 20 cm'lik kelepçeli kalıbın tabanına bastırın. 20 dakika soğutun.

b) Bu arada, bir elektrikli karıştırıcı kullanarak krem peynir ve şekeri pürüzsüz olana kadar çırpın. Eritilmiş çikolata ve kremayı ekleyin. İyice birleştirilene kadar karıştırın.

c) Karışımı kırıntı tabanının üzerine dökün ve üstünü bir spatula ile düzeltin. 3 saat veya bir gece buzdolabında bekletin. Servis yapmak için cheesecake'i rendelenmiş çikolata ile süsleyin.

39. Pişirmeden Kurabiye Parçalamalı Cheesecake

Yapar: 10 Porsiyon

İÇİNDEKİLER:

- 1 Düz jelatin zarf
- ¼ bardak Soğuk süt
- 1 su bardağı Süt, kaynayana kadar ısıtılır
- 2 paket Krem peynir, her biri 8 ons
- ½ bardak) şeker
- 1 çay kaşığı vanilya özü veya aroması
- ½ su bardağı mini çikolata parçaları
- 1 Derin tabak graham kraker Crust
- 1 su bardağı en sevdiğiniz kurabiye, kabaca ezilmiş

TALİMATLAR:

a) Bir karıştırıcıda, soğuk sütün üzerine jelatin serpin; 2 dakika bekletin. Sıcak sütü ekleyin ve yaklaşık 2 dakika eriyene kadar düşük hızda işleyin.

b) Krem peynir, şeker ve vanilya ekleyin ve karışana kadar işleyin. En alt kısma çikolatayı dizin.

c) Jelatin karışımını dökün; ezilmiş kurabiye serpin. Sertleşene kadar soğutun, yaklaşık 2 saat.

Yapar: 16 porsiyon

İÇİNDEKİLER

- 19,1 oz paket OREO Kurabiye, bölünmüş
- 6 yemek kaşığı tereyağı, eritilmiş
- Dört 8 ons paket Krem Peynir, yumuşatılmış
- ¾ su bardağı şeker
- 1 çay kaşığı vanilya
- 8 ons küvet Cool Whip Whipped Topping, çözülmüş

TALİMATLAR:

a) Kurabiyelerden yaklaşık 15 tanesini galon büyüklüğünde bir Ziploc torbasına koyun. Kurabiyeleri merdane ile ezin. Hala bazı güzel parçalara sahip olmalısın.

b) Kalan kurabiyeleri ince bir şekilde parçalanana kadar bir mutfak robotuna yerleştirin. Tereyağı ile karıştırın.

c) İnce ezilmiş çerezleri 13 × 9 inçlik bir tavanın altına yerleştirin. Kabuğu oluşturmak için eşit şekilde bastırın. soğutun.

d) Ardından, krem peynir, şeker ve vanilyayı bir stand mikserinde veya bir el mikseri ile birleştirin. İyice karışana kadar karıştırın.

e) Çırpılmış tepesi ve doğranmış kurabiyeleri hafifçe karıştırın. Hamuru kabuğun üzerine kaşıklayın ve eşit şekilde yayın. Kapak.

f) 4 saat veya sertleşene kadar soğutun.

Yapar: 12-14

İÇİNDEKİLER

KABUK

- 25 Altın Doğum Günü Pastası Oreo
- 2–3 yemek kaşığı serpin
- ¼ fincan tereyağı, eritilmiş

DOLGU

- 24 ons krem peynir, oda sıcaklığında
- ½ bardak) şeker
- 1 çay kaşığı vanilya özü
- 1 su bardağı Funfetti kek karışımı, kızarmış
- 2 yemek kaşığı süt
- 8 ons soğuk kırbaç
- 1 ½ bardak Altın Doğum Günü Pastası Oreo kırıntıları
- 7–10 Altın Doğum Günü Pastası Oreo, doğranmış
- 6 yemek kaşığı serpin

KREM ŞANTİ

- ¾ bardak ağır krem şanti, soğuk
- 6 yemek kaşığı pudra şekeri
- ½ çay kaşığı vanilya özü
- Altın Doğum Günü Pastası Oreo kırıntıları, isteğe bağlı
- Altın Doğum Günü Pastası Oreo, ikiye bölünmüş

TALİMATLAR

a) Kabuğu yapmak için Oreoları ve sprinklesleri bir mutfak robotuna ekleyin.

b) Kırıntılar oluşana kadar nabız atın.

c) Oreo kırıntılarını ve serpintileri eritilmiş tereyağı ile birleştirin ve iyice birleşene kadar karıştırın.

d) Kırıntıları tabana ve 9 inçlik yay biçimli bir tava kenarlarının yarısına kadar bastırın. Sertleşmek için buzdolabına koyun.

e) Dolguyu yapmak için krem peynir ve şekeri büyük bir kapta pürüzsüz ve iyice birleşene kadar mikserle karıştırın.

f) Vanilya özü, kek karışımı ve sütü ekleyin ve iyice birleşene kadar karıştırın.

g) Cool Whip'i katlayın.

h) Oreo kırıntılarını, doğranmış Oreoları ve sprinklesleri ekleyin ve iyice birleşene kadar hafifçe karıştırın.

i) Dolguyu kabuğa eşit şekilde yayın ve üstünü düzeltin. Sertleşene kadar buzdolabında 4-5 saat bekletin.

j) Cheesecake'i tavadan çıkarın.

k) Çırpılmış krema tepesini yapmak için, ağır krema, pudra şekeri ve vanilya özünü büyük bir kaseye ekleyin. Sert zirveler oluşana kadar yüksek hızda çırpın.

l) Cheesecake'in üst kısmına çırpılmış kremadan sıkın. İstenirse, ilave Oreo kırıntıları ve Oreo yarımları ile doldurun.

m) Servis yapmaya hazır olana kadar soğutun.

42. Pişirmeden Hindistan Cevizi acıbadem kurabiyesi cheesecake

Yapar: 8 porsiyon

İÇİNDEKİLER

- ½ su bardağı sade tatlı bisküvi
- ½ su bardağı hindistan cevizli makaron
- ½ su bardağı tereyağı, eritilmiş
- 2 çay kaşığı jelatin
- 1 yemek kaşığı su
- 8 ons paket krem peynir, yumuşatılmış
- ¼ fincan pudra şekeri
- 1 su bardağı hindistan cevizi kreması
- 1 çay kaşığı ince rendelenmiş kireç kabuğu
- 1 ½ yemek kaşığı limon suyu

TALİMATLAR:

a) Bisküvileri ince olana kadar işleyin; tereyağı ekleyin ve birleştirilene kadar işleyin. Karışımı 11cm x 34cm dikdörtgen yivli gevşek tabanlı bir flakonun tabanına ve kenarlarına eşit şekilde bastırın. Kalıbı bir tepsiye yerleştirin ve doldurmayı yaparken dondurun.

b) Bu arada, ısıya dayanıklı küçük bir sürahi içindeki suyun üzerine jelatin serpin; sürahiyi içinde kaynayan su bulunan küçük bir tencerede bekletin. Jelatin eriyene kadar karıştırın; 5 dakika soğutun.

c) Küçük bir kapta krem peynir ve pudra şekerini elektrikli karıştırıcı ile pürüzsüz olana kadar çırpın. Hindistan cevizi kreması, kabuğu ve suyu ekleyin; pürüzsüz olana kadar çırpın. Jelatin karışımını karıştırın.

d) Karışımı kırıntı kabuğuna dökün. Kapak; yaklaşık 3 saat veya ayarlanana kadar soğutun.

43. Fırınsız Choc Chip Cannoli Cheesecake

Yapar: 8 porsiyon

İÇİNDEKİLER:

- 4 ons cannoli kabukları
- ½ bardak) şeker
- ½ fincan graham kraker kırıntısı
- ⅓ fincan tereyağı, eritilmiş

DOLGU:

- İki adet 8 ons paket krem peynir, yumuşatılmış
- 1 su bardağı pudra şekeri
- ½ çay kaşığı rendelenmiş portakal kabuğu
- ¼ çay kaşığı öğütülmüş tarçın
- ¾ bardak kısmen yağsız ricotta peyniri
- 1 çay kaşığı vanilya özü
- ½ çay kaşığı rom özü
- ½ su bardağı minyatür yarı tatlı çikolata parçaları
- İsteğe göre kıyılmış antep fıstığı

TALİMATLAR:

a) Kaba kırıntılar oluşana kadar cannoli kabuklarını bir mutfak robotunda çekin. Şeker, kraker kırıntıları ve eritilmiş tereyağı ekleyin; birleşene kadar nabız atın. Yağlanmış bir 9 inçlik alt ve üst taraflara bastırın. pasta tabağı. Sertleşene kadar soğutun, yaklaşık 1 saat.

b) İlk 4 dolgu malzemesini karışana kadar çırpın. Ricotta peynirini ve özlerini çırpın. Çikolata parçacıklarını karıştırın. Kabuk haline getirin.

c) Buzdolabında, üstü kapalı, sertleşene kadar yaklaşık 4 saat. Arzu edilirse üzerine Antep fıstığı serpilir.

44. Pişirmeden Çift Çikolatalı Cheesecake

İÇİNDEKİLER:

KABUĞU İÇİN

- 6.1 onsluk glutensiz çikolatalı kurabiye kutusu
- 1 yemek kaşığı toz şeker
- ¼ çay kaşığı tuz
- 2 yemek kaşığı tuzsuz tereyağı, eritilmiş

PEYNİRLİ KEK İÇİN

- 1¼ su bardağı yarı tatlı çikolata parçaları
- 1 pound krem peynir, oda sıcaklığında
- ¾ su bardağı toz şeker
- 3 büyük yumurta, oda sıcaklığında
- ¼ su bardağı ekşi krema
- 2 çay kaşığı glutensiz vanilya özü
- 1½ bardak su
- Üzerine serpmek için pudra şekeri

TALİMATLAR:

KABUK

a) Yaylı bir tavaya yapışmaz pişirme spreyi sıkın. Tencerenin tabanıyla aynı boyutta bir parşömen dairesi kesin ve tepsinizin içine yerleştirin. Parşömeni püskürtün. Kenara koyun.

b) Kurabiyeleri bir mutfak robotunun kasesine yerleştirin ve kaba kum gibi olana kadar çekin. Kurabiye kırıntılarını orta boy bir kaseye dökün ve şeker ve tuzu ekleyin. Birleştirmek için karıştırın. Eritilmiş tereyağını ekleyin ve karışım birbirine yapışana kadar karıştırın.

c) Hazırlanan tavanın dibine kırıntıları eşit şekilde hafifçe bastırın. Kabuğu yerine bastırmak için parmaklarınızı veya düz tabanlı bir bardağı kullanın. Dolguyu yaparken hamuru dondurucuya koyun.

ÇİZKEK

d) Orta derecede mikrodalga güvenli bir kapta, çikolata parçacıklarını yüksek güçte eritin, pürüzsüz ve tamamen eriyene kadar her 30 saniyede bir karıştırın. Hafifçe soğumaya bırakın.

e) Bir stand mikserinin kasesinde krem peyniri pürüzsüz olana kadar çırpın. ¾ su bardağı toz şekeri ekleyip çırpmaya devam edin. Yumurtaları birer birer ekleyin, 1 dakika çırpın ve her eklemeden sonra kasenin kenarlarını kazıyın. Ekşi krema ve vanilyayı tamamen karışana kadar çırpın.

f) Mikser düşük devirdeyken soğuyan erimiş çikolatayı yavaş yavaş ekleyin. Tamamen karıştırın.

g) Dolguyu hazırlanan kabuğa dökün. Hava kabarcıklarını gidermek için tepsiyi tezgaha vurun.

h) Düdüklü tencerenizin iç tenceresinin dibine bir nihale yerleştirin ve suyu ekleyin.

i) Kelepçeli kalıbın altını alüminyum folyo ile sıkıca sarın. Bir parça folyoyu yapışmaz pişirme spreyi ile hafifçe püskürtün ve peynirli kekin üzerine yerleştirin. Folyo askı kullanarak tencereyi nihaleye indirin.

j) Kapağı kapatın ve kilitleyin, buhar tahliye düğmesinin sızdırmazlık konumunda olduğundan emin olun. 56 dakika yüksek basınçta pişirin. Bittiğinde, serbest bırakma düğmesini havalandırma konumuna getirerek tüm buharı serbest bırakarak hızlı bir serbest bırakma kullanın. Şamandıra pimi düştüğünde, kapağın kilidini açın ve dikkatlice açın. İptal'e basın.

k) Folyo askıyı kullanarak cheesecake'i dikkatlice bir tel soğutma rafına taşıyın. 1 saat sonra folyoyu çıkarın ve cheesecake'i tavadan gevşetmek için ince bir bıçakla cheesecake'in kenarlarından geçirin.

l) Plastik sargıyla örtün ve tamamen sertleşene kadar en az 8 saat veya gece boyunca buzdolabında saklayın.

m) 8 dilime kesin ve üzerine pudra şekeri serperek servis yapın.

45. Fırınsız Mocha Cheesecake

Yapar: 12 Dilim

İÇİNDEKİLER
BİSKÜVİ TABANI
- 300 gr sindirim
- 150 gr tuzsuz tereyağı
- 25 gr kakao tozu

peynirli kek dolgusu
- 150 gr sütlü çikolata
- 2 çay kaşığı kamp kahvesi
- 500 gr tam yağlı krem peynir
- 100 gr pudra şekeri
- 1 çay kaşığı vanilya özü
- 300 ml çift krema

DEKORASYON
- 100 gr sütlü çikolata
- 150 ml çift krema
- 2 yemek kaşığı pudra şekeri
- 1 tatlı kaşığı kamp kahvesi
- Gazlı

TALİMATLAR

BİSKÜVİ TABANI İÇİN

a) İnce bir kırıntı olana kadar sindirimi bir mutfak robotunda kakao tozuyla karıştırın.

b) Bisküvileri eritilmiş tereyağı ile karıştırın ve 20 cm derinliğindeki kelepçeli bir kalıbın dibine bastırın ve dolguyu yaparken buzdolabına koyun!

DOLGU İÇİN

c) Sütlü çikolatayı dikkatlice eritin ve biraz soğumaya bırakın.

d) Elektrikli bir stand mikseri kullanarak krem peyniri, vanilya ve pudra şekerini pürüzsüz olana kadar çırpın.

e) Çift kremayı ekleyin ve kendini tutana kadar birlikte çırpın.

f) Karışımları iki kaseye ayırın. Yarısına kadar eritilmiş sütlü çikolatayı ekleyin ve karıştırın. Diğerinde kamp kahvesi ekstraktını ekleyin ve birleşene kadar karıştırın.

g) Karıştırıldığında, karışımları bisküvi tabanının üzerine rastgele dökün ve birlikte döndürün. Üstünü pürüzsüz hale getirin ve donması için 6+ saat veya tercihen gece boyunca buzdolabında bekletin.

DEKORE ETMEK

h) Sertleştikten sonra, tenekeden çıkarın. Çift krema, kamp kahvesi özü ve pudra şekerini kalın ve sıkılabilir hale gelinceye kadar çırpın.

i) Biraz eritilmiş sütlü çikolatanın üzerine gezdirin, lezzetli kahve kremasını sıkın ve üzerine güzel şekerlemeler serpin!

Yapar: 12

İÇİNDEKİLER:

- 6 ons Krem Peynir
- ⅓ su bardağı Doğal Kremalı Fıstık Ezmesi
- 2 yemek kaşığı Ksilitol
- 1 çay kaşığı Vanilya Özü
- 1 tutam 1 su bardağı sıvı krema
- ⅛ yemek kaşığı Ksantan Sakızı
- 3 bar Double Chocolate Crunch Bar, Snack Caramel

TALİMATLAR:

a) Krem peyniri kremsi yapmak için, yumuşatılmış krem peyniri çırpmak için orta hıza ayarlanmış bir mikser kullanın. Toz haline getirilmiş granül şeker ikamesini, fıstık ezmesini ve vanilyayı iyice birleşene kadar bir karıştırma kabında birleştirin.

b) 1 bardak ağır krema ve ¼ çay kaşığı ksantan sakızı ekleyin ve karışım hafif ve kabarık bir dokuya sahip olana kadar çırpın.

c) Uzunlamasına dilimleyerek ve kabaca doğrayarak Atkins çubuklarından üç parça yapın. Uygun bir fırın tepsisiyle kaplanmış yağlı kağıdın üzerine 2 yemek kaşığı kepçe kullanarak malzemeleri karışıma katlayın.

d) Tamamen donana kadar dondurucuya yerleştirin.

BOOZY Cheesecake'ler

47. Fırınsız Rum yumurta likörü cheesecake

Yapar: 1 porsiyon

İÇİNDEKİLER:

- 1¼ fincan Vanilyalı gofret, ince ezilmiş
- 3 yemek kaşığı Tereyağı, eritilmiş
- ⅓ su bardağı Şeker
- 1 paket aromasız jelatin
- 1 su bardağı Eggnog
- 4 Yumurta sarısı, çırpılmış
- ¼ çay kaşığı Öğütülmüş hindistan cevizi
- 16 ons Krem peynir, yumuşatılmış
- 2 yemek kaşığı Rom
- 4 Yumurta akı
- ½ bardak) şeker
- ½ su bardağı krem şanti
- Tıraşlı çikolata
- Ezilmiş vanilyalı gofret

TALİMATLAR:

a) Küçük bir karıştırma kabında 1¼ bardak ezilmiş gofretleri ve eritilmiş tereyağını birleştirin; iyice birleştirmek için atın.

b) Sert bir kabuk oluşturmak için kırıntı karışımını 9 inçlik yay biçimli bir tavanın alt ve ½ inç yukarı kenarlarına bastırın. Yaklaşık 1 saat veya sertleşene kadar soğutun. Orta boy bir tencerede ⅓ su bardağı şeker ve jelatini birleştirin.

c) Yumurta likörü, yumurta sarısı ve hindistan cevizini karıştırın. Karışım kaynayana kadar sürekli karıştırarak orta ateşte pişirin. Ateşten alın. Büyük bir mikser kabında, krem peyniri orta hızda 30 saniye veya yumuşayana kadar mikserle çırpın; jelatin karışımında yavaş yavaş çırpın. Rom veya sütle karıştırın.

d) Kısmen ayarlanana kadar soğutun. Orta boy bir mikser kabında, yumurta aklarını orta hızda yumuşak zirveler oluşana kadar çırpın.

e) Kalan şekeri yavaş yavaş ekleyin, sert tepe noktalarına kadar çırpın. Küçük bir kapta kremayı yumuşak zirvelere kadar çırpın. Beyazları ve krem şantiyi jelatin karışımına katlayın. Kırıntı kaplı bir tavaya çevirin. Kapak; Sertleşene kadar soğutun, 3 ila 24 saat.

f) Cheesecake'in kenarlarını bir spatula ile tavadan ayırın; tarafları çıkarın.

g) Cheesecake'in üst kenarına rendelenmiş çikolata veya gofret kırıntıları serpin.

Fırınsız Margarita Cheesecake

Yapar: 8 porsiyon

İÇİNDEKİLER:

- 8 ons krem peynir, yumuşatılmış
- 14 ons şekerli yoğunlaştırılmış süt olabilir
- ¼ su bardağı limon suyu
- 1 limon kabuğu rendesi
- 2 yemek kaşığı tekila
- ¼ çay kaşığı Cointreau, portakal likörü
- 8 ons küvet çırpılmış tepesi, çözülmüş
- 1 hazır graham kraker kabuğu

HİZMET ETMEK:

- Ekstra Krem Şanti ve Lime Dilimleri

TALİMATLAR:

a) Hazır kabuğun plastik kapağını çıkarın ve sonrası için bir kenara koyun.

b) Büyük bir karıştırma kabında krem peyniri ve tatlandırılmış yoğunlaştırılmış sütü bir elektrikli karıştırıcı ile pürüzsüz olana kadar birleştirin. Pürüzsüz hale geldiğinde, limon suyu, limon kabuğu rendesi, tekila ve portakal likörü ekleyin ve birleştirilene kadar karıştırın. Eklenene kadar çırpılmış tepesi katlayın. Karışımı önceden hazırlanmış kabuğa dökün ve eşit bir tabaka halinde yayın. Kabuktan kurtardığınız plastik bir örtü ile örtün ve en az iki saat veya sertleşene kadar soğutun.

c) Servis yapmaya hazır olduğunuzda, çırpılmış krema ve şekere batırılmış misket limonu parçaları ekleyin. Dilimler halinde kesin ve servis yapın.

d) Margarita cheesecake artıklarınızı buzdolabında 5 güne kadar saklayın.

49. Fırınsız Pina colada cheesecake

Yapar: 10 Porsiyon

İÇİNDEKİLER:

- 1 Hindistan Cevizi Kabuğu
- 2 Zarf tatlandırılmamış Jelatin
- Şeker
- 6 ons Ananas Suyu
- 3 Yumurta, ayrılmış
- Üç adet 8 onsluk krem Peynir yumuşatılmış
- ¼ bardak Koyu Jamaika Romu
- ¼ çay kaşığı Hindistan cevizi özü
- 20 ons ezilmiş ananas konservesi
- 1 yemek kaşığı mısır nişastası

TALİMATLAR:

a) Bir tencerede jelatin ve ½ su bardağı şekeri karıştırın. Ananas suyu ekleyin. 1 dakika bekletin. Jelatin eriyene kadar yaklaşık 5 dakika kısık ateşte ısıtın. Ateşten alın.

b) Sarıları birer birer, her birinden sonra iyice çırparak ekleyin. Hafifçe soğutun. Krem peyniri kabarık olana kadar çırpın.

c) Jelatin karışımında rom ve hindistancevizi özü ile karıştırın.

d) Karışımı bir kase buzlu su üzerine koyarak hızlıca soğutun; hafifçe koyulaşana kadar karıştırın.

e) Yumurta aklarını köpürene kadar çırpın.

f) Sert tepe noktaları oluşana kadar yavaş yavaş ¼ fincan şeker ekleyin. Jelatin haline getirin. Hazırlanan kabuğa çevirin. Gece boyunca soğutun.

g) Bir tencerede, süzülmüş ananası 2 yemek kaşığı şeker ve mısır nişastasıyla birleştirin. Kaynayana ve koyulaşana kadar karıştırarak pişirin. Serin. Cheesecake'in üzerine kaşıkla.

50. Fırınsız Vodka Toffee elmalı Cheesecake

Yapar: 8-10 Porsiyon

İÇİNDEKİLER:

- 6 kırmızı elma
- 1 yemek kaşığı limon suyu
- 230g Grantham Zencefilli Kurabiye veya Zencefilli Fındık
- 60 gr tereyağı, eritilmiş
- 300ml çift krema
- 50 gr pudra şekeri
- 150ml Yunan yoğurdu
- 310g hafif yumuşak peynir
- 2 yemek kaşığı Toffee Vodka
- 3,5 ons toz şeker

TALİMATLAR:

a) 4 elmayı soyun ve 1 cm'lik parçalar halinde kesin. Limon suyu ve mikrodalga ile 3 dakika tam güçte cam bir kaseye koyun. İyice karıştırın. Birkaç küçük topaklar ile lapa kıvamına gelene kadar 2-3 dakika daha mikrodalgada pişirin. Soğumaya bırakın.

b) Bisküvileri mutfak robotunda ince kırıntılar oluşana kadar çekin. Tereyağını ekleyin ve karışana kadar çırpın. 20 cm'lik geniş tabanlı bir kalıbın tabanına pişirme kağıdı serin. Kırıntıları dökün ve bir kaşığın arkasıyla düzleştirin. Gerekli olana kadar soğutun. Kalıbın kenarlarını uzun bir pişirme kağıdı şeridi ile hizalayın.

c) Yumuşak zirveler oluşana kadar krema ve pudra şekerini birlikte çırpın. Yoğurt, yumuşak peynir, votka ve elma sosunu büyük bir kaseye koyun ve eşit şekilde karışana kadar hafifçe karıştırın - fazla çırpmayın. Kremayı yavaşça katlayın. Tabanın üzerine kaşıkla dökün, bir kaşığın arkasıyla hizalayın ve gece boyunca soğutun.

d) Son 2 elmanın çekirdeklerini çıkarıp ince ince dilimleyin. Bir mutfak rulosuyla kurulayın. Mikrodalgaya uygun bir tabağa mutfak rulosunu koyun ve üzerine elma dilimlerinin yarısını yerleştirin. 800W'da 3 dakika mikrodalgada. Elma dilimlerini çevirin, bir mutfak rulosuyla kurulayın ve disket haline gelene ve neredeyse kuruyana kadar 3 dakika daha mikrodalgada pişirin. Bir kenara koyun ve kalan elma ile tekrarlayın.

e) Bir tel ızgara üzerine bir fırın kağıdı koyun. Küçük bir tencereye şeker ve 4 yemek kaşığı suyu koyun. Şeker eriyene kadar karıştırmadan hafifçe ısıtın. Bal-altın rengi karamel elde edene kadar 3-4 dakika kaynatın. Ateşten alın, kurutulmuş elmanın ¼'ünü ekleyin, kaplamak için karıştırın, ardından teker teker çıkarın ve fazla karamelin tavaya geri damlamasına izin verin. Pişirme kağıdı üzerine sıralayın.

f) Üç kez daha tekrarlayın. Karamel koyulaşırsa 20 saniye hafifçe ısıtın.

g) Cheesecake'i bir tabağa alın ve pişirme kağıdını çıkarın. Üzerine karamelli elma dilimlerini dizip, dilerseniz üzerine kırılmış zencefilli bisküvi serperek servis yapın.

FIRINDA PEYNİR SEKECESİ

51. Çilekli Cheesecake Fransız Tostu

Yapar: 4 porsiyon

İÇİNDEKİLER:
- ½ su bardağı krem peynir, yumuşatılmış
- 2 yemek kaşığı pudra şekeri
- 2 yemek kaşığı çilek reçeli
- 8 dilim köy ekmeği
- 2 yumurta
- ½ su bardağı yarım buçuk
- 2 yemek kaşığı şeker
- 4 yemek kaşığı tereyağı, bölünmüş

TALİMATLAR:
a) Küçük bir kapta krem peynir ve pudra şekerini birleştirin; iyice karıştırın. Konserveleri karıştırın. Krem peynir karışımını 4 dilim ekmeğin üzerine eşit şekilde yayın; sandviç oluşturmak için kalan dilimlerle doldurun.
b) Orta boy bir kapta yumurtaları, yarım buçuk ve şekeri çırpın; kenara koymak
c) Orta ateşte büyük bir tavada 2 yemek kaşığı tereyağını eritin. Her bir sandviçi, her iki tarafı da tamamen kaplayacak şekilde yumurta karışımına batırın.
d) Her seferinde bir ila 2 dakika veya altın rengi olana kadar 2 sandviç pişirin.
e) Kalan tereyağını eritin ve kalan sandviçleri anlatıldığı gibi pişirin.

52. yaban mersinli limonlu cheesecake yulaf

Yapar: 4 porsiyon

İÇİNDEKİLER:

- ¼ fincan yağsız Yunan yoğurdu
- 2 yemek kaşığı yaban mersinli yoğurt
- ¼ bardak yaban mersini
- 1 çay kaşığı rendelenmiş limon kabuğu
- 1 çay kaşığı bal

TALİMATLAR:

a) Yulaf ve sütü 16 onsluk bir mason kavanozda birleştirin; istenilen soslar ile üst.

b) Gece boyunca veya 3 güne kadar soğutun; soğuk servis yapın.

53. çilekli cheesecake gözleme

Yapar: 4 porsiyon

İÇİNDEKİLER:

- 1 su bardağı kavuzlu un
- 2 yemek kaşığı şekersiz vanilyalı puding karışımı
- ½ çay kaşığı kabartma tozu
- ½ çay kaşığı kabartma tozu
- ¾ fincan sade Yunan yoğurdu
- ½ su bardağı + 2 yemek kaşığı %2 az yağlı süt
- 1 büyük yumurta
- 2 yemek kaşığı akçaağaç şurubu
- 1 su bardağı ince dilimlenmiş çilek

TALİMATLAR:

a) Un, puding karışımı, kabartma tozu ve kabartma tozunu bir kaseye ekleyin ve birleştirmek için çırpın.

b) Başka bir kapta yoğurt, süt, yumurta ve akçaağaç şurubunu karışana kadar çırpın.

c) Islak malzemeleri kuru malzemelere ekleyin ve iyice birleşene kadar çırpın.

d) Çilekleri dikkatlice karıştırın.

e) Hamuru 2 ila 3 dakika dinlendirin. Bu, tüm bileşenlerin bir araya gelmesini sağlar ve hamura daha iyi bir kıvam verir.

f) Yapışmaz bir tavaya veya ızgaraya cömertçe bitkisel yağ püskürtün ve orta ateşte ısıtın.

g) Tava ısındığında, ¼ fincanlık bir ölçüm kabı kullanarak hamuru ekleyin ve gözleme yapmak için hamuru tavaya dökün. Gözlemeyi şekillendirmeye yardımcı olması için ölçüm kabını kullanın.

h) Kenarları sabit görünene ve ortasında baloncuklar oluşana kadar (yaklaşık 2 ila 3 dakika) pişirin, ardından gözlemeyi çevirin.

i) Pankek bu tarafı pişince ocaktan alıp bir tabağa alın.

j) Hamurun geri kalanıyla bu adımlara devam edin.

54. Dondurulmuş incir cheesecake

Yapar: 12 dilim

İÇİNDEKİLER:

- 1 su bardağı graham kraker kırıntısı
- 1 su bardağı artı 2 yemek kaşığı toz şeker
- 4 yemek kaşığı tereyağı, eritilmiş
- 2 bardak ricotta peyniri, süzülmüş
- 8 ons krem peynir
- 1 yemek kaşığı mısır nişastası
- 4 büyük yumurta
- 2 çay kaşığı vanilya özü
- tutam tuz
- ⅓ su bardağı incir reçeli

TALİMATLAR:

a) Fırını 340°F'ye (171°C) ısıtın. 9 inçlik (23 cm) yaylı bir kalıbın içini alüminyum folyo ile sarın. Yapışmaz pişirme spreyi sıkın ve bir kenara koyun.

b) Küçük bir kasede kraker kırıntılarını, 2 yemek kaşığı şekeri ve tereyağını birleştirin. Hazırlanan tavanın dibine bastırın. Buzdolabında 30 dakika soğutun.

c) Büyük bir karıştırma kabına ricotta peyniri, krem peynir, kalan 1 su bardağı şeker ve mısır nişastasını ekleyin. Orta hızda bir elektrikli karıştırıcı ile iyice karıştırın. Her eklemeden sonra düşük hızda çırparak yumurtaları birer birer ekleyin. Vanilya özü ve tuzu ekleyin ve karışana kadar düşük hızda çırpın.

d) Kabuğu buzdolabından çıkarın. Hamuru kabuğa dökün. Mermer bir etki için incir reçelini cheesecake'e hafifçe karıştırın. Tavayı daha büyük bir sıcak su tavasına yerleştirin, böylece yay şeklindeki tava yarıya kadar suya batırılır.

e) 55 dakika ila 1 saat arası pişirin. Kek ayarlanmalı ama yine de hafif bir sallanma olmalı. Daha büyük su kabından çıkarın ve oda sıcaklığına ulaşana kadar bir rafta soğutun.

f) Cheesecake'i tavadan ayırmak için tavanın iç kenarı boyunca bir tereyağı bıçağı kaydırın ve ardından tavanın dış kısmının kelepçelerini açın. 1 saat soğutun ve ardından 4 saat dondurun. Dilimlemeden ve servis yapmadan önce oda sıcaklığında 10 ila 15 dakika bekletin.

g) Depolama: 1 aya kadar dondurucuda plastik sargıya sıkıca sarılı olarak saklayın.

55. <u>Vegan meyveli cheesecake</u>

İÇİNDEKİLER:

- 4 (8 ons) paket vegan krem peynir
- 0,5 ons Agar Agar + 1 bardak sıcak su
- 3 ons vegan limonlu jöle + 1 bardak sıcak su
- ¼ su bardağı pudra şekeri
- gofret
- Taze çilek veya ahududu
- 2 kutu (her biri 3 ons) vegan çilekli jöle

TALİMATLAR:

a) Bir bardak sıcak suda 2 paket Agar ve 1 bardak limonlu jöleyi eritin.

b) Peynir hazır olduğunda, yaklaşık 2 dakika veya kabarık olana kadar çırpın. Agar Agar ve jöle azar azar eklenmelidir.

c) Tüm topaklar gidene kadar karıştırın. Şekeri ekleyin ve her şey iyice karışana kadar çırpmaya devam edin.

d) Yaylı formun altına vanilyalı gofretleri yerleştirin. Tavayı krem peynir karışımı ile doldurun. En az 2 saat buzdolabında bekletin.

e) Su miktarının yarısı kadar (her kutu için 1 bardak, iki kutudan toplam 2 bardak) ile çilekli jöle yapın. Birkaç dakika soğumaya bırakın.

f) Donan peynir karışımının üzerine çilekleri yerleştirin. Jöle sertleşene kadar soğutun, ardından çileklerin üzerine dökün.

56. Mangolu cheesecake

Yapar: 6 Porsiyon

İÇİNDEKİLER:
KABUK
- 7 yaprak Graham kraker, ezilmiş
- 2 yemek kaşığı tuzsuz tereyağı, eritilmiş

DOLGU
- 1 kilo krem peynir,
- ½ su bardağı mango posası, artı 1½ çay kaşığı
- ½ bardak) şeker
- 1 yemek kaşığı toz köri
- 2 çay kaşığı çok amaçlı un
- 2 büyük yumurta artı 1 yumurta sarısı

TALİMATLAR:
a) Instant Pot'u yarısına kadar suyla doldurun ve tel-metal buhar rafını ekleyin.

b) Graham krakerlerini ve eritilmiş tereyağını bir mutfak robotunda pürüzsüz olana kadar birleştirin.

c) Graham kraker karışımını hazırlanan tavanın dibine eşit şekilde yayın. Donmak

d) Dolguyu yapmak için krem peynir, 12 su bardağı mango posası, köri tozu, şeker ve unu bir karıştırıcıda pürüzsüz olana kadar çırpın.

e) Yumurtalarda çatlak

f) Dondurulmuş kabuğu dolgu ile doldurun.

g) Kalan 112 yemek kaşığı mango posasını üstüne gezdirin.

h) Tavanın üstüne 8 inçlik bir alüminyum folyo yerleştirin ve bir kağıt havluyla örtün.

i) Instant Pot'ta tavayı rafa yerleştirin.

j) Fırını 37 dakika boyunca yüksek basınca önceden ısıtın.

k) Cheesecake'i tezgahta yaklaşık bir saat soğumaya bırakın. soğutun.

l) Soğuk servis yapın ve dilimler halinde kesin.

57. Yabanmersinli peynir pastası

Yapar: 10

İÇİNDEKİLER:
KABUĞU İÇİN:

- 2 su bardağı ezilmiş glutensiz graham kraker ¼ su bardağı beyaz şeker
- 6 yemek kaşığı tuzsuz tereyağı, eritilmiş

DOLGU İÇİN:

- 2 ½ (8 ons) paket krem peynir, yumuşatılmış
- ½ su bardağı bal
- 3 büyük yumurta
- 2 yemek kaşığı süt
- 1 ½ çay kaşığı vanilya özü
- ¼ çay kaşığı tuz

COULIS İÇİN:

- 250 gr yaban mersini (veya isterseniz diğer meyveler)
- 100ml / 6 yemek kaşığı su
- 2 yemek kaşığı akçaağaç şurubu/agave nektarı

TALİMATLAR:

a) Fırını 180C / 350F'ye önceden ısıtın
b) Kabuk malzemelerini iyice birleşene kadar karıştırın.
c) Kabuk karışımını 9 inçlik yuvarlak bir yay biçimli tavaya dökün ve tereyağı boyunca ve yanlardan yaklaşık 1 inç yukarı doğru eşit şekilde bastırın.
d) Kabuğu 8 dakika pişirin ve soğumaya bırakın.
e) Bir karıştırma kabında krem peynir ve balı pürüzsüz olana kadar çırpın.
f) Ayrı bir kapta yumurta, süt, vanilya özü ve tuzu çırpın. Karışımı krem peynir karışımına ekleyin ve iyice karıştırın.
g) Böğürtlenleri kırmamaya özen göstererek katlayın.
h) Dolguyu soğutulmuş kabuğa dökün ve 30 dakika veya cheesecake tam ortasına yerleşene kadar pişirin.
i) Cheesecake'i soğumaya bırakın, ardından kelepçeli kalıbın kenarlarını yavaşça çıkarın.
j) Servis yapmadan önce cheesecake'i en az 4 saat soğutun.
k) Meyveleri su ve şurupla bir tencereye koyarak coulis yapın ve orta ateşte 2-3 dakika pişirin.
l) Ateşten alın ve soğumaya bırakın. Pürüzsüz hale getirmek için çırpabilir veya olduğu gibi bırakabilirsiniz.
m) Cheesecake'i coulis ile kaplayın.

58. kızılcık portakallı cheesecake

Yapar: 12 porsiyon

İÇİNDEKİLER:

- 1 su bardağı Graham kırıntıları
- 2 su bardağı Süzme peynir
- 1 paket Hafif krem peynir; 8 oz
- ⅔ su bardağı Şeker
- ½ su bardağı sade yoğurt
- ¼ su bardağı Un; çok amaçlı
- 2 su bardağı kızılcık
- ½ bardak Portakal suyu
- 1 yemek kaşığı Margarin; hafif, erimiş
- 2 Yumurta akı
- 1 yumurta
- 1 yemek kaşığı Portakal kabuğu; rendelenmiş
- 1 çay kaşığı vanilya
- ⅓ su bardağı Şeker
- 2 çay kaşığı mısır nişastası

TALİMATLAR:

a) Kabuk malzemelerini birleştirin. 9 inçlik yay biçimli tavanın alt kısmına bastırın.

b) 325 derece F'de 5 dakika pişirin.

c) Bir mutfak robotunda, süzme peyniri pürüzsüz olana kadar karıştırın. Krem peynir ekleyin ve pürüzsüz olana kadar işleyin. Kalan dolgu malzemelerini ekleyin; pürüzsüz olana kadar işlem yapın. Tavaya dökün. 325 derece F'de 50 ila 60 dakika veya neredeyse merkeze oturuncaya kadar pişirin.

d) Kenardan Gevşetmek için pastanın kenarına bir bıçak gezdirin. Rafta soğutun. Sakin olmak.

e) Kızılcık, portakal suyu ve şekeri bir tencerede birleştirin. Sürekli karıştırarak kaynatın. Ardından 3 dakika veya kızılcıklar patlamaya başlayana kadar pişirin. Nişastayı 1 yemek kaşığı suda eritin. Tavaya ekleyin, pişirin ve 2 dakika karıştırın.

f) Tepsiyi soğutun ve servis yapmadan önce pastanın üzerine yayın.

59. limon kabuklu cheesecake

Yapar: 10 porsiyon

İÇİNDEKİLER:
- 1 pound Krem Peynir
- 1½ su bardağı Şeker; granül
- 2 yumurta
- ½ çay kaşığı Tarçın; Zemin
- 1 çay kaşığı Limon Kabuğu; Rendelenmiş
- ¼ bardak Ağartılmamış Un
- ½ çay kaşığı Tuz
- 1 x Şekerlemeci Şekeri
- 3 yemek kaşığı Tereyağı

TALİMATLAR:
a) Fırını 400 derece Fahrenheit'e ısıtın. Peyniri, 1 yemek kaşığı tereyağını ve şekeri geniş bir karıştırma kabında krema haline getirin. Çırpma.
b) Yumurtaları birer birer ekleyin, her eklemeden sonra iyice çırpın.
c) Tarçın, limon kabuğu, un ve tuzu birleştirin. Tavayı kalan 2 yemek kaşığı tereyağı ile yağlayın ve parmaklarınızla eşit şekilde yayın.
d) Hamuru hazırlanan tavaya dökün ve 400 derecede 12 dakika pişirin, ardından 350 dereceye düşürün ve 25 ila 30 dakika daha pişirin. Bıçak herhangi bir kalıntı içermemelidir.
e) Kek oda sıcaklığına soğuduğunda, pudra şekeri ile toz haline getirin.

60. Ters ananaslı cheesecake

Yapar: 4 Mini kek

İÇİNDEKİLER:

- 1 yemek kaşığı Tuzsuz tereyağı
- ¼ fincan Graham kraker kırıntıları
- ¾ su bardağı yumuşatılmış krem peynir (6 oz)
- ¼ su bardağı + 1 çay kaşığı şeker
- ¼ çay kaşığı taze rendelenmiş limon kabuğu rendesi
- ¼ çay kaşığı vanilya
- 1 büyük yumurta
- 1 çay kaşığı mısır nişastası
- ½ su bardağı Süzülmüş konserve ezilmiş
- Ananas, 1 T suyu ayırın
- ½ su bardağı Su

TALİMATLAR:

a) Küçük bir tencerede tereyağını orta ateşte eritin, kırıntıları ekleyin ve karışımı 4 sıra kağıt ½ fincan muffin kalıbına paylaştırın ve bir kabuk oluşturacak şekilde bastırın.

b) Kabukları önceden ısıtılmış 350F fırının ortasında 5 dakika pişirin ve ardından 5 dakika rafta soğumaya bırakın.

c) Elektrikli karıştırıcılı bir kapta krem peynir, ¼ su bardağı şeker, lezzet ve vanilyayı karışım iyice karışana kadar çırpın.

d) Yumurtayı ekleyin, iyice karışana kadar çırpın ve hamuru kalıplara paylaştırın. Cheesecake'leri önceden ısıtılmış 350F fırının ortasında 20 dakika veya sertleşene kadar pişirin ve 10 dakika rafta soğumaya bırakın.

e) Cheesecake'ler pişerken küçük bir kapta mısır nişastasını ayırdığınız ananas suyunda eritin. Küçük bir tencerede, ezilmiş ananası su ve kalan 1 çay kaşığı şekerle 5 dakika veya sıvı yaklaşık 2 yemek kaşığına düşene kadar kaynatın.

f) Mısır nişastası karışımını karıştırın ve ananas karışımına karıştırın.

g) Sosu 2 dakika karıştırarak pişirin, buz ve soğuk suyla dolu daha büyük bir kaseye yerleştirilmiş metal bir kaba aktarın ve ara sıra karıştırarak soğumaya bırakın.

h) Sosu 2 tabağa alın ve cheesecakeleri sosun üzerine ters çevirin ve kağıdı atın.

61. mandalina cheesecake

Yapar: 2 porsiyon

İÇİNDEKİLER:
- 1 su bardağı Graham Kraker; Ezilmiş
- 2 yemek kaşığı şeker
- 3 paket 8 ons Krem Peynir; yumuşatılmış
- 4 yumurta
- 1 su bardağı Şeker
- 1½ su bardağı Ekşi Krema
- 2 çay kaşığı vanilya
- 2 yemek kaşığı Eritilmiş Tereyağı
- 2 yemek kaşığı mandalina suyu
- 1 yemek kaşığı Rendelenmiş Mandalina Kabuğu
- 2 yemek kaşığı şeker

TALİMATLAR:
a) İlk 3 malzemeyi iyice birleştirin. 8 x 3 yaylı kalıbın tabanına ve yanlarına bastırın.
b) 5 dakika pişirin ve soğutun; (350 derece fırın). Şimdi fırını 250 dereceye getirin. 1 pk yerleştirin. büyük bir karıştırma kabında krem peynir ve 1 yumurta; iyice dövün.
c) Her eklemeden sonra iyice çırparak kalan peynir ve yumurtalarla tekrarlayın. Yavaş yavaş meyve suyu ile dönüşümlü olarak şeker ekleyin. Orta hızda 10 dakika çırpın.
d) Kabuğu karıştırın. Kabuğa dökün ve 25 dakika pişirin. Isıyı kapatın; Keki fırında 45 dakika bekletin ve sonra çıkarın.
e) Şimdi fırını 350 dereceye çevirin. Tepesi malzemelerini iyice birleştirin. Oda sıcaklığında bekletin. Ilık kekin üzerine yavaşça yayın.
f) 10 dakika önceden ısıtılmış 350 derecelik fırına dönün. Bir tel raf üzerinde kısmen soğutun. Mümkünse bir gece buzdolabında bekletin.

62. Cevizli Cheesecake

Yapar: 10 porsiyon

İÇİNDEKİLER:
- galeta
- 2 su bardağı Süzme Peynir
- ½ bardak) şeker; granül
- 2 çay kaşığı mısır nişastası
- ½ su bardağı ceviz; kıyılmış,
- 3 yumurta; Büyük, Ayrı
- ½ fincan Ekşi Krema
- 1 çay kaşığı Limon Kabuğu; Rendelenmiş

TALİMATLAR:
a) Fırını 325 derece F'ye ısıtın.
b) Süzme peyniri bir elekten geçirin ve süzün.
c) Büyük bir karıştırma kabında, yumurta sarılarını hafif ve köpürene kadar çırpın, ardından şekeri yavaşça ekleyin ve çok hafif ve pürüzsüz olana kadar çırpmaya devam edin.
d) Süzme peyniri yumurta karışımına ekleyin, iyice karıştırın, ardından ekşi krema, mısır nişastası, limon kabuğu ve cevizleri (istenirse) ekleyin. Tüm malzemeler iyice karışana ve karışım pürüzsüz olana kadar karıştırın.
e) Başka bir büyük karıştırma kabında, yumurta aklarını yumuşak zirveler oluşana kadar çırpın, ardından yavaşça hamura ekleyin. Karışımı hazırlanan kabuğa dökün ve yaklaşık 1 saat pişirin.
f) Servis yapmadan önce oda sıcaklığına soğutun.

63. Macadamia ve misket limonu otlu kek

Yapar: 14

İÇİNDEKİLER
peynirli kek kabuğu
- ½ su bardağı Macadamia Fındığı
- ½ su bardağı Honeyville Badem Unu
- ¼ bardak Soğuk tereyağı
- ¼ bardak ŞİMDİ Eritritol
- 1 büyük Yumurta Sarısı

DOLGU
- 8 ons Krem Peynir
- ¼ bardak Tereyağı
- ¼ bardak ŞİMDİ Eritritol
- ¼ çay kaşığı Sıvı Stevia
- 1-2 yemek kaşığı Limon Suyu
- 2 büyük Yumurta
- 2 Limon Kabuğu

TALİMATLAR:
a) Fırınınızı 350F'ye önceden ısıtın. Bir mutfak robotunda ½ fincan macadamia fıstığı ekleyin.

b) Fındıkları kaba bir yemek kıvamına getirin, ardından ¼ bardak ŞİMDİ eritritol ekleyin.

c) Birkaç dakika karıştırın ve ardından ½ Bardak Honeyville badem unu ekleyin.

d) Her şey birleşene kadar tekrar nabız atın.

e) ¼ fincan soğuk tereyağını küp haline getirin ve bunu mutfak robotuna ekleyin. Karışım topaklanmaya başlayana kadar tekrar çırpın.

f) 1 yumurta sarısı ekleyin ve tüm hamur topaklanana kadar tekrar çırpın.

g) Hamuru mutfak robotundan alıp elinizle yoğurun.

h) Bazı silikon kek kalıpları (veya sadece yağlanmış normal bir kek kalıbı) kullanarak, kuyucukları yaklaşık ⅛ ila ¼ oranında doldurun. Bu, kabuğunuzu ne kadar kalın sevdiğinize bağlıdır. Kabuğu ince yaparsanız daha çok cheesecake kek yapabilirsiniz.

i) Kabuğu 350F'de 5-7 dakika pişirin. Çıkardığınızda kızarmamaları gerekir, yağlı ve az pişmiş görünürler.

j) Kabuk pişerken, 1 blok krem peynir (8 ons) ve ¼ fincan tereyağını birlikte çırpın.

k) Tereyağı ve krem peynir birleşince 2 yumurtayı ekleyin ve tekrar karıştırın.

l) ¼ Bardak ŞİMDİ eritritol ve ¼ çay kaşığı sıvı stevia ekleyin ve tekrar karıştırın.

m) Son olarak, yaklaşık 2 limonun kabuğunu ve 2 limonun suyunu ekleyin.

n) Tamamen birleşene kadar tekrar karıştırın.

o) Fırından çıktıktan sonra 3-5 dakika soğumaya bırakın ve karışımı kalıplara dökün. Pişerken kabaracakları ve taşabilecekleri için üzerlerinde biraz boşluk kalacak şekilde doldurun.

p) Cheesecake'leri 350F'de 30-35 dakika pişirin.

q) Cheesecake'leri 20-30 dakika soğutun ve ardından bir gece buzdolabında bekletin.

r) Üstüne biraz ekstra limon kabuğu rendesi ekleyin ve servis yapın!

64. Yabanmersinli peynir pastası

Yapılışı: 1 cheesecake

İÇİNDEKİLER:
KABUK
- ½ su bardağı rendelenmiş hindistan cevizi
- 1 su bardağı kavrulmuş badem
- 1 yemek kaşığı hindistancevizi yağı, eritilmiş
- 1 çay kaşığı vanilya özü

DOLGU
- 2 su bardağı kaju, 12 saat ıslatılmış, durulanmış ve süzülmüş
- 3 yemek kaşığı oda sıcaklığında limon suyu
- ½ bardak akçaağaç şurubu
- ½ su bardağı hindistancevizi yağı, eritilmiş
- 8 damla demlenmiş yağ - yaban mersini aroması
- 2 bardak taze yaban mersini

TALİMATLAR:
a) Parşömen kağıdı ile 9 inçlik yuvarlak bir kek kalıbını hizalayın.
b) Kabuk malzemelerini bir mutfak robotunda birleştirin ve 1 dakika karıştırın.
c) Hazırlanan kek kalıbının tabanına kabuk karışımını bastırın.
d) Kabuğu sırlayın ve dondurucuya koyun.
e) Dolgu için tüm malzemeleri pürüzsüz olana kadar bir karıştırıcıda karıştırın.
f) Dondurulmuş kabuğu dondurucudan çıkarın ve bir fırın tepsisine yerleştirin. Cheesecake dolgusunu üstüne dökün.
g) Servis yapmadan 30 dakika önce cheesecake'i dondurun.

65. Glutensiz Badem Unlu Cheesecake

Yapar: Bir adet 7 inçlik cheesecake

İÇİNDEKİLER:
KABUĞU İÇİN

- 2 su bardağı glutensiz badem unu
- ¼ çay kaşığı tuz
- 1½ yemek kaşığı esmer şeker
- ¼ su bardağı tuzsuz tereyağı, eritilmiş

PEYNİRLİ KEK İÇİN

- 1 pound krem peynir, oda sıcaklığında
- 2 yemek kaşığı mısır nişastası
- ⅔ su bardağı toz şeker Bir tutam tuz
- ½ su bardağı ekşi krema, oda sıcaklığında
- 2 çay kaşığı glutensiz vanilya özü
- ⅛ çay kaşığı glutensiz badem özü
- 2 büyük yumurta, oda sıcaklığında
- 1 bardak soğuk su

TALİMATLAR:

KABUK

a) 7 x 3 inçlik (18 x 7,6 cm) yay biçimli bir tavanın tabanına ve yanlarına hafifçe yapışmaz pişirme spreyi (içinde un olmayan türden) püskürtün.

b) Yaylı kalıbınızın tabanıyla aynı boyutta bir parşömen kağıdı dairesi kesin. Parşömen dairesini tavanızın tabanına yerleştirin ve ilave yapışmaz sprey ile hafifçe püskürtün. Kenara koyun.

c) Küçük bir kapta badem unu, tuz ve esmer şekeri karıştırın. Eritilmiş tereyağını ekleyin ve birbirine yapışana kadar bir çatalla karıştırın.

d) Kabuk karışımını hazırlanan tavaya dökün. Parmaklarınızla yayın ve eşit bir tabaka oluşturmak için hafifçe bastırın. Cheesecake hamurunu hazırlarken tepsiyi buzdolabına koyun.

ÇİZKEK

e) Orta boy bir karıştırma kabında, krem peyniri bir el mikseri ile düşük hızda pürüzsüz olana kadar çırpın. Küçük bir karıştırma kabında mısır nişastası, toz şeker ve tuzu birleştirin. Şeker karışımının yarısını krem peynire ekleyin ve sadece karışana kadar çırpın. Kasenizin kenarlarını bir spatula ile kazıyın.

f) Kalan şeker karışımını ekleyin ve yeni karışana kadar çırpın. Krem peynir karışımına ekşi krema ve vanilya ve badem özlerini ekleyin. Sadece bir araya gelene kadar çırpın.

g) Yumurtaları birer birer ekleyin ve her eklemeden sonra kaseyi iyice kazıyın. Fazla karıştırmayın.

h) Kabuğu dondurucudan çıkarın. Sızıntıları önlemek için tavanın altını alüminyum folyo ile sıkıca sarın. Krem peynir hamurunu kabuğun üzerine dökün. Hava kabarcıklarını gidermek için tezgaha hafifçe vurun.

i) Düdüklü tencerenizin iç kabına soğuk suyu dökün. Tencereye bir nihale yerleştirin. Cheesecake tepsisini altlığın üzerine dikkatlice yerleştirmek için bir folyo askı kullanın. Tencerenin suya değmediğinden emin olun.

j) Kapağı kapatın ve kilitleyin, buhar tahliye düğmesinin sızdırmazlık konumunda olduğundan emin olun. 40 dakika yüksek basınçta pişirin. Bittiğinde, serbest bırakma düğmesini havalandırma konumuna çevirerek ve buharı serbest bırakarak hızlı serbest bırakma yöntemini kullanın.

k) Şamandıra pimi düştüğünde, kapağın kilidini açın ve dikkatlice açın. Herhangi bir yoğuşmayı emmek için cheesecake'in yüzeyini bir kağıt havluyla hafifçe kurulayın.

l) Cheesecake'i dikkatlice çıkarın ve soğuması için bir tel ızgara üzerine yerleştirin.

m) Cheesecake tamamen soğuduktan sonra 6 ila 8 saat veya gece boyunca buzdolabına koyun. Servis yapacağınız zaman cheesecake'i buzdolabından çıkarın. Kelepçeli kalıbın kenarlarını açın ve parşömen kağıdı ile kabuk arasına ince bir bıçak sokun ve ardından dikkatlice bir servis tabağına kaydırın.

66. Kabarık Japon Cheesecake

Yapılışı: 1 cheesecake

İÇİNDEKİLER:
- Vanilyalı dondurma
- Brownie karışımı, bir kutu
- Sıcak çikolata sosu

TALİMATLAR:
a) Fırını 350 dereceye kadar önceden ısıtın.
b) Jumbo muffin teneke kapları hizalamak için folyo şeritleri kesin.
c) Kekler bittiğinde kaldırma kolları olarak kullanmak için şeritleri çapraz bir şekilde katmanlayın.
d) Pişirme spreyi ile bir tavada folyo püskürtün.
e) Brownie hamurunu paketin üzerinde anlatıldığı gibi hazırlayın.
f) Hamuru muffin teneke kaplara eşit olarak bölün. Muffin kapları yaklaşık ¾ dolu olacak.
g) Muffin kalıbını kenarlı fırın tepsisine yerleştirin ve önceden ısıtılmış fırında 40-50 dakika pişirin.
h) Fırından çıkarın ve tavada 5 dakika soğutun, ardından on dakika daha soğutma rafına aktarın.
i) Her kekin kenarlarını gevşetmek için bir tereyağı bıçağı veya krema spatulası kullanmanız ve ardından folyo kulpları kullanarak muffin tepsisinden kaldırmanız gerekebilir.
j) Bir kaşık vanilyalı dondurma ve sıcak şekerleme sosuyla kaplı bir tabakta sıcak kek servis edin.

67. Çift Çikolatalı Fudge Cheesecake

Yapar: 8 dilim

İÇİNDEKİLER:
KABUĞU İÇİN
- 6.1 onsluk glutensiz çikolatalı kurabiye kutusu
- 1 yemek kaşığı toz şeker
- ¼ çay kaşığı tuz
- 2 yemek kaşığı tuzsuz tereyağı, eritilmiş

PEYNİRLİ KEK İÇİN
- 1¼ su bardağı yarı tatlı çikolata parçaları
- 1 pound krem peynir, oda sıcaklığında
- ¾ su bardağı toz şeker
- 3 büyük yumurta, oda sıcaklığında
- ¼ su bardağı ekşi krema
- 2 çay kaşığı glutensiz vanilya özü
- 1½ bardak su
- Üzerine serpmek için pudra şekeri

TALİMATLAR:
KABUK
a) 7 x 3 inçlik (18 x 7,6 cm) yay biçimli bir tavaya yapışmaz pişirme spreyi sıkın. Tencerenin tabanıyla aynı boyutta bir parşömen dairesi kesin ve tepsinizin içine yerleştirin. Parşömeni püskürtün. Kenara koyun.

b) Kurabiyeleri bir mutfak robotunun kasesine yerleştirin ve kaba kum gibi olana kadar çekin. Kurabiye kırıntılarını orta boy bir kaseye dökün ve şeker ve tuzu ekleyin. Birleştirmek için karıştırın. Eritilmiş tereyağını ekleyin ve karışım birbirine yapışana kadar karıştırın.

c) Hazırlanan tavanın dibine kırıntıları eşit şekilde hafifçe bastırın. Kabuğu yerine bastırmak için parmaklarınızı veya düz tabanlı bir bardağı kullanın. Dolguyu yaparken hamuru dondurucuya koyun.

ÇİZKEK

d) Orta derecede mikrodalga güvenli bir kapta, çikolata parçacıklarını yüksek güçte eritin, pürüzsüz ve tamamen eriyene kadar her 30 saniyede bir karıştırın. Hafifçe soğumaya bırakın.

e) Bir stand mikserinin kasesinde krem peyniri pürüzsüz olana kadar çırpın. ¾ su bardağı (144 gr) toz şekeri ekleyip çırpmaya devam edin. Yumurtaları birer birer ekleyin, 1 dakika çırpın ve her eklemeden sonra kasenin kenarlarını kazıyın. Ekşi krema ve vanilyayı tamamen karışana kadar çırpın.

f) Mikser düşük devirdeyken soğuyan erimiş çikolatayı yavaş yavaş ekleyin. Tamamen karıştırın.

g) Dolguyu hazırlanan kabuğa dökün. Hava kabarcıklarını gidermek için tepsiyi tezgaha vurun.

h) Düdüklü tencerenizin iç tenceresinin dibine bir nihale yerleştirin ve suyu ekleyin.

i) Kelepçeli kalıbın altını alüminyum folyo ile sıkıca sarın. Bir parça folyoyu yapışmaz pişirme spreyi ile hafifçe püskürtün ve (püskürtülen taraf aşağı gelecek şekilde) cheesecake üzerine yerleştirin. Folyo askı kullanarak tencereyi nihaleye indirin.

j) Kapağı kapatın ve kilitleyin, buhar tahliye düğmesinin sızdırmazlık konumunda olduğundan emin olun. 56 dakika yüksek basınçta pişirin. Bittiğinde, serbest bırakma düğmesini havalandırma konumuna getirerek tüm buharı serbest bırakarak hızlı bir serbest bırakma kullanın. Şamandıra pimi düştüğünde, kapağın kilidini açın ve dikkatlice açın. İptal'e basın.

k) Folyo askıyı kullanarak cheesecake'i dikkatlice bir tel soğutma rafına taşıyın. 1 saat sonra folyoyu çıkarın ve cheesecake'i tavadan gevşetmek için ince bir bıçakla cheesecake'in kenarlarından geçirin.

l) Plastik sargıyla örtün ve tamamen sertleşene kadar en az 8 saat veya gece boyunca buzdolabında saklayın.

m) 8 dilime kesin ve üzerine pudra şekeri serperek servis yapın.

68. Japon cheesecake

Yapar: 1 kek

İÇİNDEKİLER:

- 200 gr beyaz çikolata
- 150 gr taze krema
- 3 yumurta

TALİMATLAR:

a) Yumurtaları ayırın ve yumurta aklarını dondurucuya koyun.

b) Çikolatayı küçük parçalar halinde kesin ve benmari usulü eritin. Çikolatayı biraz soğumaya bırakın.

c) Yumurta sarılarını ve taze kremayı karıştırın. Kremsi bir kütle oluşana kadar karıştırın.

d) Yumurta beyazını dondurucudan çıkarın, yumurta aklarına çırpın ve yavaşça kütleye katlayın.

e) Hamuru kelepçeli bir kalıba koyun ve 180 ° C'de dakika pişirin. Ardından ısıyı 150 ° C'ye düşürün ve 15 dakika daha pişirin.

f) Son olarak kapalı fırında 15 dakika dinlendirin.

69. Balkabaklı cheesecake

Yapılışı: 1 cheesecake

İÇİNDEKİLER:
- 1 ½ su bardağı ezilmiş zencefilli kurabiye
- 1 yemek kaşığı eritilmiş tereyağı
- Oda sıcaklığında 2 blok krem peynir (toplam 16 ons)
- ½ su bardağı kabak püresi
- 1 yemek kaşığı un
- ¼ bardak akçaağaç şurubu
- ¼ su bardağı esmer şeker
- 1 çay kaşığı kabak baharatı
- 2 yumurta (oda sıcaklığında)

TALİMATLAR:
a) Bir kapta zencefil ve tereyağını karıştırın. Kenara koyun.

b) Parşömen kağıdı ile çıkarılabilir bir alt tavada (veya yaylı tavada). Ezilmiş zencefilli karışımı tavaya dökün ve düz tabanlı bir bardakla düzleştirin. Sertleşmesi için buzdolabına koyun.

c) Başka bir kapta krem peynir, kabak püresi, un, akçaağaç şurubu, esmer şeker ve kabak baharatını pürüzsüz olana kadar karıştırın. Ardından, bir yumurtayı birer birer karıştırın, sadece birleştirilene kadar karıştırın. Bir spatula ile bitirin. Hazırlanan kek kalıbına dökün ve folyo ile kaplayın.

d) Multipot'ta 1 su bardağı su ekleyin ve cheesecake tavasını nihaleye koyun. İç tencereye indirin ve kapağını kapatın. Mühürlemek için basınç göstergesini hareket ettirin ve kek işlevini 30 dakika boyunca açın.

e) Bittiğinde, hızlı basınca bırakın ve kalan buharı boşaltmak için kapağı birkaç dakika açın. Makineyi kapatın ve kapağı kapatın.

f) Bir saat kadar sıcaklığın doğal olarak düşmesine izin verin ve cheesecake'i çıkarın. Soğuması için en az 4-5 saat buzdolabında bekletin. Eğlence!

70. Kabak Yamalı Cheesecake

Yapar: 12

İÇİNDEKİLER:

- 1 (16.6 ons) portakal krema dolgulu çikolatalı sandviç kurabiye paketi
- 4 yemek kaşığı tereyağı, eritilmiş
- 3 (8 ons) paket krem peynir, yumuşatılmış
- 1-¼ bardak şeker, bölünmüş
- 4 yumurta
- 2 çay kaşığı vanilya özü, bölünmüş
- 1 (16 ons) ekşi krema kabı
- 5 damla kırmızı gıda boyası
- 10 damla sarı gıda boyası

TALİMATLAR:

a) Fırını 350 derece F'ye önceden ısıtın. 23 kurabiyeyi yeniden kapatılabilir bir plastik torbaya koyun. Bir oklava kullanarak kurabiyeleri ezin, ardından kırıntıları tereyağlı orta boy bir kaseye koyun; iyice karıştırın, ardından karışımı 10 inçlik yay biçimli bir tavanın dibine yayın. Doldurmaya hazır olana kadar soğutun.

b) Büyük bir kapta, orta hızda bir elektrikli çırpıcı ile krem peynir ve 1 su bardağı şekeri krema kıvamına gelene kadar çırpın. Yumurtaları birer birer ekleyin, her eklemeden sonra iyice çırpın, ardından 1 çay kaşığı vanilya ekleyin ve iyice karıştırın.

c) 2 kurabiyeyi üzerini süslemek için ayırın, kalan 8 kurabiyeyi parçalayın. Kurabiye parçalarını krem peynir karışımına karıştırın, ardından kabuğa dökün.

d) 55 ila 60 dakika veya sertleşene kadar pişirin. Fırından çıkarın ve 5 dakika soğumaya bırakın.

e) Bu arada orta boy bir kapta bir kaşık kullanarak ekşi kremayı, kalan şekeri ve vanilyayı ve gıda boyasını iyice birleşene kadar karıştırın. Ekşi krema karışımını dikkatlice cheesecake'in üzerine yayın ve 5 dakika daha pişirin.

f) Soğumaya bırakın, ardından gece boyunca veya en az 8 saat soğutun. Ayırdığınız 2 kurabiye ile kabak yüzünü süsleyin.

g) Hemen servis yapın veya servis yapmaya hazır olana kadar örtün

71. Kabak Turtası Cheesecake Kaseleri

Yapar: 4

İÇİNDEKİLER:

- 4 ons krem peynir, yumuşatılmış
- 1 su bardağı sade Yunan yoğurdu, artı üzeri için biraz daha
- 1 su bardağı kabak püresi
- ¼ bardak akçaağaç şurubu
- 1 çay kaşığı vanilya özü
- 2 çay kaşığı öğütülmüş tarçın
- 1 çay kaşığı öğütülmüş zencefil
- ½ çay kaşığı öğütülmüş hindistan cevizi
- Kaliteli Deniz tuzu
- 1 su bardağı granola
- Kızarmış kabak çekirdeği
- Doğranmış cevizler
- nar taneleri
- kakao hazretleri

TALİMATLAR:

a) Krem peynir, yoğurt, kabak püresi, akçaağaç şurubu, vanilya, baharatlar ve bir tutam tuzu bir mutfak robotu veya blender kasesine ekleyin ve pürüzsüz ve kremsi olana kadar işleyin. Bir kaseye aktarın, örtün ve buzdolabında en az 4 saat soğutun.

b) Servis yapmak için granolayı tatlı kaselerine paylaştırın. Kabak karışımı, bir parça Yunan yoğurdu, kabak çekirdeği, ceviz, nar taneleri ve kakao taneleri ile doldurun.

c) Orta boy bir tencereye farro, 1¼ su bardağı (295 ml) su ve bir tutam tuz ekleyin. Bir kaynamaya getirin, ardından ısıyı düşük seviyeye indirin, örtün ve farro hafif bir çiğneme ile yaklaşık 30 dakika yumuşayana kadar pişirin.

d) Şekeri, kalan 3 yemek kaşığı (45 ml) suyu, vanilya çekirdeğini ve tohumlarını ve zencefili küçük bir tencerede orta-yüksek ateşte birleştirin. Şeker eriyene kadar karıştırarak kaynatın. Ateşten alın ve 20 dakika demleyin. Bu arada meyveyi hazırlayın.

e) Greyfurtun uçlarını dilimleyin. Düz bir çalışma yüzeyine, kesik tarafı aşağı gelecek şekilde yerleştirin. Keskin bir bıçak kullanarak kabuğu ve beyaz özü meyvenin kıvrımını izleyerek yukarıdan aşağıya doğru kesin. Meyvenin bölümlerini çıkarmak için zarların arasını kesin. Kan portakalını soymak ve dilimlemek için aynı işlemi tekrarlayın.

f) Şuruptan zencefil ve vanilya çekirdeğini çıkarın ve atın. Servis yapmak için farroyu kaselere paylaştırın. Meyveleri kasenin üst kısmına yerleştirin, nar taneleri serpin ve ardından zencefil-vanilya şurubu ile gezdirin.

72. Mini Canavar Cheesecake'ler

Yapar: 24 mini cheesecake

İÇİNDEKİLER:
- 24 portakal krema dolgulu çikolatalı sandviç kurabiye
- 3 (8 ons) paket krem peynir, yumuşatılmış
- ¼ su bardağı eritilmiş tereyağı 2
- çay kaşığı vanilya özü
- 14 ons şekerli yoğunlaştırılmış süt kutusu
- 3 yumurta

TALİMATLAR:
a) Fırını 300 derece F'ye önceden ısıtın. Kağıt pişirme kapları olan 24 adet normal boy muffin kabı.

b) Her kağıt bardağın altına bir kurabiye yerleştirin.

c) Orta hızda bir elektrikli çırpıcı ile büyük bir kapta krem peynir, tereyağı ve vanilyayı krema kıvamına gelene kadar çırpın. Yavaş yavaş şekerli yoğunlaştırılmış sütü ve ardından yumurtaları iyice karışana kadar ekleyin. Hamuru neredeyse dolana kadar pişirme kaplarına kaşıklayın.

d) 25 ila 30 dakika veya ayarlanana kadar pişirin. Tamamen soğutun ve servis yapmaya hazır olana kadar soğutun.

73. Bireysel Key Lime Cheesecake'ler

Yapar: 6 ayrı cheesecake

İÇİNDEKİLER:
KABUĞU İÇİN
- 1¼ su bardağı öğütülmüş glutensiz kurabiye
- 1½ çay kaşığı esmer şeker
- 2 yemek kaşığı tuzsuz tereyağı, eritilmiş Bir tutam tuz

PEYNİRLİ KEK İÇİN
- 8 ons krem peynir, oda sıcaklığında
- 1 yemek kaşığı mısır nişastası
- ⅓ su bardağı toz şeker
- Bir tutam tuz
- 1 yemek kaşığı Key lime suyu
- ¼ bardak ekşi krema, oda sıcaklığında
- 1 çay kaşığı glutensiz vanilya özü
- 1 yemek kaşığı ince rendelenmiş Limon kabuğu rendesi, ayrıca süslemek için biraz daha
- 1 büyük yumurta, oda sıcaklığında
- 1½ bardak su
- Süslemek için krem şanti

TALİMATLAR:
KABUK
a) Altı adet 4 ons (115 g) mason kavanozun iç kısmına yapışmaz pişirme spreyi hafifçe püskürtün.

b) Küçük bir kapta ezilmiş kurabiyeleri, esmer şekeri, tereyağını ve tuzu karıştırın. Kurabiye karışımını mason kavanozları arasında eşit olarak bölün. Kurabiye kabuğunu bardakların altına hafifçe bastırın.

ÇİZKEK
c) Orta boy bir karıştırma kabında, krem peyniri bir el mikseri ile düşük hızda pürüzsüz olana kadar çırpın. Küçük bir karıştırma

kabında mısır nişastası, toz şeker ve tuzu birleştirin. Şeker karışımını krem peynire ekleyin ve sadece karışana kadar çırpın. Bir spatula ile kasenin kenarlarını kazıyın.

d) Krem peynir karışımına limon suyu, ekşi krema, vanilya ve limon kabuğu rendesini ekleyin. Sadece bir araya gelene kadar çırpın. Yumurtayı ekleyin; sadece birleştirilene kadar karıştırın. Fazla karıştırmayın.

e) Cheesecake hamurunu kavanozlara eşit olarak paylaştırın. Büyük hava kabarcıklarını serbest bırakmak için kavanozları tezgaha hafifçe vurun.

f) İç tencerenin dibine kadar su ekleyin. Tencerenin içine bir nihale yerleştirin. Doldurduğunuz kavanozları tencere kenarlarına ve birbirine değmemesine dikkat ederek nihaleye yerleştirin. Kenarlara beş tane sığdırabilmeli ve ortada bir kavanoz için yer bırakabilmelisiniz. Tüm kavanozların üzerine hafifçe büyük bir folyo parçası yerleştirin.

g) Kapağı kapatın ve kilitleyin, buhar tahliye düğmesinin sızdırmazlık konumunda olduğundan emin olun. 4 dakika yüksek basınçta pişirin. Pişirme süresi bittiğinde, 10 dakika boyunca doğal bir şekilde çıkmasına izin verin, ardından düğmeyi havalandırma konumuna getirin ve kalan buharı boşaltın.

h) Şamandıra pimi düştüğünde, kapağın kilidini açın ve dikkatlice açın. İptal'e basın.

i) Folyoyu çıkarın ve peynirli keklerin yüzeyindeki yoğuşmayı bir kağıt havluyla hafifçe kurulayarak emdirin.

j) Cheesecake'leri tencerenin içinde 30 dakika soğumaya bırakın, ardından bir soğutma rafına alın ve oda sıcaklığına gelene kadar soğumaya bırakın.

k) Cheesecake'leri streç filmle kaplayın ve en az 6 ila 8 saat, tercihen gece boyunca buzdolabında bekletin.

l) Çırpılmış krema ve ilave limon kabuğu rendesi ile süsleyerek servis yapın.

74. Karton Kutu Fırında Cheesecake

Yapar: 4 Porsiyon

İÇİNDEKİLER:
- 2 (8 ons) paket krem peynir
- ½ bardak) şeker
- 1 çay kaşığı vanilya
- 1 yumurta sarısı
- 2 kutu ay çöreği
- 1 yumurta akı

TALİMATLAR:
a) İlk 4 malzemeyi karıştırın.
b) 1 kutu hilal rulo açın. Dikişleri birbirine sıkıştırın ve bir çerez kağıdına yaymak için bir oklava kullanın.
c) Kenarlarda ½ inç bırakarak hilal rulo kabuğunun üzerine doldurun.
d) İkinci hilal rulo kutusunu açın ve dikiş yerlerini sıkıştırın.
e) Çerez kağıdıyla aynı boyutta masanın üzerinde açın. Doldurma boyunca uzanın.
f) Kenarları kapatmak için bir çatal kullanın.
g) Yumurta beyazını köpürene kadar çırpın. Üstüne fırçalayın.
h) 350 derecede 30 dakika karton kutu fırında pişirin.

75. Düşük karbonhidratlı limonlu cheesecake

Yapar: 4 Porsiyon

İÇİNDEKİLER:
peynirli kek kabuğu
- ½ su bardağı Macadamia Fındığı
- ½ su bardağı Badem Unu
- ¼ bardak Soğuk Tereyağı
- ¼ bardak Eritritol
- 1 büyük Yumurta Sarısı

KİREÇ DOLUMU
- 6 ons Krem Peynir
- ¼ fincan tereyağı
- ¼ bardak ŞİMDİ Eritritol
- ¼ çay kaşığı Sıvı Stevia
- 1-2 yemek kaşığı Limon Suyu
- 2 büyük Yumurta
- 2 Limon Kabuğu

TALİMATLAR:
a) Fırınınızı 350F'ye önceden ısıtın. Bir mutfak robotunda ½ fincan macadamia fıstığı ekleyin.

b) Fındıkları kaba bir yemek kıvamına getirin, ardından ¼ bardak ŞİMDİ eritritol ekleyin.

c) Birkaç dakika çırpın ve ardından badem ununu ekleyin.

d) Her şey birleşene kadar tekrar nabız atın.

e) ¼ fincan soğuk tereyağını küp haline getirin ve bunu mutfak robotuna ekleyin. Karışım topaklanmaya başlayana kadar tekrar çırpın.

f) 1 yumurta sarısı ekleyin ve tüm hamur topaklanana kadar tekrar çırpın.

g) Hamuru mutfak robotundan alıp elinizle yoğurun.

h) Bazı silikon kek kalıpları kullanarak, kuyucukları yaklaşık ⅛ ila ¼ oranında doldurun. Bu, kabuğunuzu ne kadar kalın sevdiğinize bağlıdır. Kabuğu ince yaparsanız daha çok cheesecake kek yapabilirsiniz.

i) Kabuğu 350F'de 5-7 dakika pişirin. Çıkardığınızda kızarmamaları gerekir, yağlı ve az pişmiş görünürler.

j) Kabuk pişerken, 1 blok krem peynir (8 ons) ve ¼ fincan tereyağını birlikte çırpın.

k) Tereyağı ve krem peynir birleşince 2 yumurtayı ekleyin ve tekrar karıştırın.

l) ¼ Bardak ŞİMDİ eritritol ve ¼ çay kaşığı sıvı stevia ekleyin ve tekrar karıştırın.

m) Son olarak, yaklaşık 2 limon kabuğu rendesini ve 2 limonun suyunu ekleyin (bu yaklaşık 2 yemek kaşığı meyve suyudur). Tamamen birleşene kadar tekrar karıştırın.

n) Fırından çıktıktan sonra 3-5 dakika soğumaya bırakın ve karışımı kalıplara dökün. Pişerken kabaracakları ve taşabilecekleri için üzerlerinde biraz boşluk kalacak şekilde doldurun.

o) Cheesecake'leri 350F'de 30-35 dakika pişirin.

p) Cheesecake'leri 20-30 dakika soğutun ve ardından bir gece buzdolabında bekletin.

q) Üstüne biraz ekstra limon kabuğu rendesi ekleyin ve servis yapın!

76. Süzme peynirli cheesecake

Yapar: 8

İÇİNDEKİLER:
KABUK İÇİN
- ¼ su bardağı sert margarin, eritilmiş
- 1 su bardağı az yağlı graham kraker kırıntısı
- 2 yemek kaşığı beyaz şeker
- ¼ yemek kaşığı tarçın

KEK İÇİN
- 2 su bardağı az yağlı süzme peynir, püre
- 3 yemek kaşığı çok amaçlı un
- 1 çay kaşığı vanilya özü
- 2 yumurta
- ⅔ su bardağı beyaz şeker

TALİMATLAR:
a) Fırını önceden 325 Fahrenheit dereceye ısıtarak hazırlayın.

b) Eritilmiş margarin, graham kraker kırıntıları, şeker ve tarçını birleştirin.

c) 10 inçlik yay biçimli bir tavayı kabuk karışımı ile yarıya kadar doldurun.

d) Yumuşatılmış süzme peynir, süt, yumurta, un, vanilya ve şekeri iyice karışana kadar karıştırın.

e) Karışımı turta kabuğuna dökün.

f) Fırında 60 dakika pişirin.

77. Pişmemiş kabak kabuğu Cheesecake

Yapar: 2 porsiyon

İÇİNDEKİLER:
KABUĞU İÇİN
- Mağazadan satın alınan Kabak Kabuğu
DOLGU İÇİN
- 6 ons Krem Peynir
- ⅓ su bardağı Kabak Püresi
- 2 yemek kaşığı Ekşi Krema
- ¼ bardak Ağır Krema
- 3 yemek kaşığı Tereyağı
- ¼ çay kaşığı bal kabağı turtası baharatı
- 25 damla Sıvı Stevia

TALİMATLAR:
a) Hamuru mini tart kalıplarınıza yerleştirin.
b) Tüm dolgu malzemelerini bir blender kullanarak çırpın ve soğutun.
c) Yaklaşık 5 saat sonra dilimleyin ve krem şanti ile süsleyin.

78. Fırınsız karışık meyveli yuzu Cheesecake

Yapar: 6

İÇİNDEKİLER
KABUK:
- 1 ½ Graham Kırıntıları
- 4 yemek kaşığı eritilmiş tereyağı

LİMONLU PEYNİR KEK DOLGUSU:
- 16 ons krem peynir, oda sıcaklığı
- ½ su bardağı ekşi krema
- 1 yemek kaşığı süt
- 1 çay kaşığı vanilya özü
- 1 su bardağı Sağlıklı Organik Pudra Şekeri
- yuzu lezzet
- 1 yemek kaşığı yuzu suyu

AHUDUDU SOSU
- 2 yemek kaşığı Sağlıklı Organik Şeker Kamışı
- 1 yemek kaşığı yuzu suyu
- 1 su bardağı karışık meyveler
- Tepesi: Krem şanti, taze limon dilimleri ve ahududu

TALİMATLAR:
KABUK HAZIRLAMAK İÇİN:
a) Bir kasede eritilmiş tereyağı ile graham kırıntılarını ekleyin. İyice karıştırın ve kenara koyun.

LİMONLU PEYNİR KEK DOLGUSUNU HAZIRLAMAK İÇİN:
b) Bir kapta krem peynir, ekşi krema, süt ve vanilya özü ekleyin.
c) Pürüzsüz olana kadar el mikseri ile yüksek hızda karıştırın.
d) Pudra şekeri, yuzu kabuğu rendesi ve yuzu suyunu ekleyip tekrar karıştırın.
e) Kaseyi kazıyın, ardından bir krema torbasına ekleyin.

AHUDUDU SOSU YAPILMASI İÇİN:
f) Orta boy bir tencereye şeker, yuzu suyu ve taze ahududu ekleyin.

g) Karıştırın ve ahududu suyunu salıp sos koyulaşana kadar orta ateşte pişirin.

h) Ateşten alın ve tamamen soğumaya bırakın.

MONTAJLAMA:

i) 4 onsluk bir mason kavanoza 2-3 yemek kaşığı graham kabuk karışımı ekleyin ve bastırın.

j) Daha sonra cheesecake karışımını sıkın.

k) Cheesecake karışımını düzleştirmek için kavanozu sallayın.

l) Bir kaşık ahududu sosu ekleyin ve üzerine çırpılmış krema, limon dilimi ve ahududu ekleyin. Eğlence!

79. peynirli kek

Yapar: 12 porsiyon

İÇİNDEKİLER:

- 12 zencefilli kurabiye
- 8 ons yağı azaltılmış krem peynir
- ¼ su bardağı şeker
- 1 çay kaşığı vanilya özü
- 6 ons yağsız vanilyalı Yunan yoğurdu
- 2 çay kaşığı portakal kabuğu
- 2 yumurta akı
- 1 yemek kaşığı çok amaçlı un

TALİMATLAR:

a) Fırını önceden 350 Fahrenheit dereceye ısıtarak hazırlayın. 12 fincanlık bir muffin kalıbına cupcake kağıtlarını sıralayın.

b) Her kapkek kalıbına bir zencefilli şekerleme yerleştirin.

c) Bir elektrikli karıştırıcı kullanarak krem peynir, şeker ve vanilyayı pürüzsüz olana kadar çırpın.

d) Ayrı bir kapta yoğurt, portakal kabuğu rendesi, yumurta akı ve unu çok az karışana kadar çırpın.

e) Hamurun yarısını muffin kaplarına paylaştırın.

f) 20-25 dakika neredeyse ortası katılaşana kadar pişirin.

g) Oda sıcaklığına soğuduktan sonra en az 1 saat buzdolabında bekletin. Sert.

80. Muhallebi Kupası Cheesecake cupcakes

Yapar: 16 porsiyon

İÇİNDEKİLER:
- 3 paket 8 ons Krem Peynir
- 1 su bardağı Şeker
- 1 yemek kaşığı vanilya
- 3 yumurta
- 1 bardak Ekşi krema
- muhallebi kapları

TALİMATLAR:
a) Yumuşatmak için krem peyniri dışarıda bırakın. Şeker ve vanilya ile pürüzsüz olana kadar çırpın. Yüksek devirde çırparak yumurtaları birer birer ekleyin. Ekşi krema katlayın.

b) 9 inçlik bir graham kraker kabuğunun tutabileceğinden fazlasını yapacaktır, bu yüzden ağzına kadar doldurun ve kalanını muhallebi kap(lar)ında pişirin.

c) 350F'de 30-35 dakika veya kabuk altın rengi kahverengi olana ve kürdan temiz çıkana kadar pişirin.

81. Cheesecake Barları

Yapar: 6 Porsiyon

İÇİNDEKİLER:
KABUK
- 1¼ bardak graham kırıntılı kraker
- ¼ su bardağı şeker

DOLGU
- 2 Su Bardağı Krem Peynir
- 4 yemek kaşığı süt
- 1 su bardağı şeker
- 2 yumurta
- 2 yemek kaşığı limon suyu
- 1 çay kaşığı vanilya

TALİMATLAR:
KABUK
a) Karıştırın ve 13 x 9'luk bir tavanın tabanına sıkıca bastırın.
b) Tepesi için biraz ayırın.
c) 350 derece F'de 8 dakika pişirin.

DOLGU
d) Malzemeleri karıştırın ve pişmiş kabuğun üzerine yayın.
e) Kalan kırıntıları üstüne serpin.
f) 350 derece F'de 20 dakika pişirin.
g) İyice soğutun ve dondurun.

82. Kabak Cheesecake Barları

Yapar: 2 düzine

İÇİNDEKİLER:

- 16 ons pound kek karışımı
- 3 yumurta, bölünmüş
- 2 yemek kaşığı margarin, eritilmiş ve biraz soğutulmuş
- 4 çay kaşığı balkabağı turta baharatı, bölünmüş
- 8 ons paket krem peynir, yumuşatılmış
- 14 ons şekerli yoğunlaştırılmış süt kutusu
- 15 ons kabak olabilir
- ½ çay kaşığı tuz

TALİMATLAR:

a) Büyük bir kapta kuru kek karışımı, bir yumurta, margarin ve 2 çay kaşığı balkabağı turtası baharatını birleştirin; ufalanana kadar karıştırın. Hamuru yağlanmış 15"x10" jöleli rulo tepsiye bastırın. Ayrı bir kapta krem peyniri kabarana kadar çırpın.

b) Yoğunlaştırılmış süt, kabak, tuz ve kalan yumurta ve baharatları çırpın. İyice karıştırın; kabuğun üzerine yayılır.

c) 30 ila 40 dakika 350 derecede pişirin.

d) Serin; çubuklar halinde kesmeden önce soğutun.

83. Dondurulmuş Çikolatalı Fıstık Ezmeli Cheesecake Bombaları

Yapar: 12

İÇİNDEKİLER:

- 6 ons Krem Peynir
- ⅓ su bardağı Doğal Kremalı Fıstık Ezmesi
- 2 yemek kaşığı Ksilitol
- 1 çay kaşığı Vanilya Özü
- 1 tutam 1 su bardağı sıvı krema
- ⅛ yemek kaşığı Ksantan Sakızı
- 3 bar Double Chocolate Crunch Bar, Snack Caramel

TALİMATLAR:

a) Krem peyniri kremsi yapmak için, yumuşatılmış krem peyniri çırpmak için orta hıza ayarlanmış bir mikser kullanın.

b) Toz haline getirilmiş granül şeker ikamesini, fıstık ezmesini ve vanilyayı iyice birleşene kadar bir karıştırma kabında birleştirin.

c) 1 bardak ağır krema ve ¼ çay kaşığı ksantan sakızı ekleyin ve karışım hafif ve kabarık bir dokuya sahip olana kadar çırpın.

d) Uzunlamasına dilimleyerek ve kabaca doğrayarak Atkins çubuklarından üç parça yapın. Uygun bir fırın tepsisiyle kaplanmış yağlı kağıdın üzerine 2 yemek kaşığı kepçe kullanarak malzemeleri karışıma katlayın.

e) Tamamen donana kadar dondurucuya yerleştirin.

84. Frambuazlı Cheesecake Yer Mantarı

Yapar: 10

İÇİNDEKİLER:

- 2 yemek kaşığı ağır krema
- 8 ons Krem Peynir, Yumuşatılmış
- ½ Bardak Pudralı Swerve
- Bir Tutam Deniz Tuzu
- 1 Çay Kaşığı Vanilyalı Stevia
- 1 ½ Çay Kaşığı Ahududu Özü
- 2-3 Damla Doğal Kırmızı Gıda Boyası
- ¼ Bardak Hindistan Cevizi Yağı, Eritilmiş
- 1 ½ Bardak Çikolata Parçacıkları, Şekersiz

TALİMATLAR:

a) Başlamak için, kremsi olana kadar kaymak ve krem peynirinizi iyice birleştirmek için bir karıştırıcı kullanın.

b) Krema, ahududu özü, stevia, tuz ve gıda boyasını büyük bir karıştırma kabında birleştirin.

c) Her şeyin iyi bir şekilde birleştiğinden emin olun.

d) Hindistan cevizi yağınızı ekleyin ve her şey iyice birleşene kadar yüksek hızda karıştırın.

e) Bitirmeniz gereken sıklıkta kasenizin kenarlarını kazımayı unutmayın. Buzdolabında bir saat oturmasına izin verin. Hamuru yaklaşık ¼ inç çapında bir kurabiye kepçesine ve ardından parşömen kağıdı ile hazırlanmış bir fırın tepsisine dökün.

f) Bu karışımı bir saat dondurun ve ardından bitirmek için eritilmiş çikolatanızla kaplayın! Servis yapmadan önce sertleşmesi için bir saat daha buzdolabına konulmalıdır.

85. Kurabiye ve Kremalı Cheesecake Lokmaları

Yapar: 8

İÇİNDEKİLER:
ÇEREZ TEMELİ:
- ½ su bardağı badem unu
- 4 yemek kaşığı toz kakao
- ½ çay kaşığı vanilya özü
- 1 çay kaşığı kabartma tozu
- 1 yumurta
- 1 yemek kaşığı hindistancevizi yağı veya sade tereyağı

KREM PEYNİR DOLGUSU:
- ½ su bardağı badem ezmesi
- 1 su bardağı krem peynir
- ¼ çay kaşığı vanilya özü
- Bir tutam vanilya fasulyesi ezmesi

TALİMATLAR:
HAMUR İÇİN:
a) Fırını önceden 180 santigrat dereceye ısıtın.
b) Orta boy bir kapta badem unu, kakao, vanilya özü, tuz ve kabartma tozunu karıştırın.
c) Büyük bir karıştırma kabında yumurta ve hindistancevizi yağını iyice karışana kadar karıştırın.
d) Bisküvileri çıkarıp yağlı kağıt serili fırın tepsisine dizin.
e) 12 ila 15 dakika veya gevrek olana kadar pişirin.

DOLGU İÇİN:
f) Tüm malzemeleri bir stand mikserin kasesinde birleştirin ve pürüzsüz olana kadar çırpın.
g) Ufalanmış bisküvilerin yarısını ekleyin.
h) Cheesecake dolgusundan kaşıkla birer kepçe alıp kalan kurabiye kırıntılarının üzerine koyun.
i) Krem peynir parçasını rulo yaparak bisküvilerin tamamen kapladığından emin olun. Onları dondurucuya koy.

86. Hava Fritöz Cheesecake Isırıkları

Yapar: 12

İÇİNDEKİLER:

- 200 gr krem peynir
- ½ su bardağı Natvia
- 1 çay kaşığı vanilya özü
- ½ su bardağı badem unu

TALİMATLAR:

a) Fritözü 3 dakika boyunca 180ºC'ye önceden ısıtın.

b) Krem peyniri küpler halinde kesin ve bir kaseye koyun.

c) Natvia'yı (2 yemek kaşığını sonrası için ayırın) ve vanilyayı ekleyin ve güzel ve pürüzsüz olana kadar karıştırın. 15 dakika soğutun.

d) 16 eşit büyüklükte top haline getirin.

e) Küçük bir kapta badem ununu 2 yemek kaşığı Natvia ile karıştırın.

87. Kabak turta cheesecake Tart

Yapar: 1

İÇİNDEKİLER:
KABUK
- ¾ su bardağı Badem Unu
- ½ su bardağı keten tohumu küspesi
- ¼ bardak Tereyağı
- 1 tatlı kaşığı kabak tatlısı baharatı
- 25 damla Sıvı Stevia

DOLUM
- 6 ons Vegan Krem Peynir
- ⅓ su bardağı Kabak Püresi
- 2 yemek kaşığı Ekşi Krema
- ¼ fincan Vegan Ağır Krema
- 3 Yemek Kaşığı Tereyağı
- ¼ çay kaşığı bal kabağı turtası baharatı
- 25 damla Sıvı Stevia

TALİMATLAR:
a) Kabuğun tüm kuru malzemelerini birleştirin ve iyice karıştırın.

b) Kuru malzemeleri tereyağı ve sıvı stevia ile bir hamur oluşana kadar karıştırın.

c) Mini tart kalıplarınız için hamuru küçük toplar halinde yuvarlayın.

d) Hamuru tart kalıbının kenarına, kenarlara ulaşana ve yukarı çıkana kadar bastırın.

e) Tüm dolgu malzemelerini bir karıştırma kabında birleştirin.

f) Doldurma malzemelerini bir daldırma karıştırıcı kullanarak karıştırın.

g) Dolgu malzemeleri pürüzsüz hale geldiğinde, onları kabuğa dağıtın ve soğutun.

h) Buzdolabından çıkarın, dilimleyin ve isterseniz krem şanti ile süsleyin.

88. Amaretto cheesecake tart

Yapar: 24 porsiyon

İÇİNDEKİLER:
- ⅓ su bardağı Ayçekirdeği veya ince öğütülmüş badem
- 8 ons Krem peynir
- 1 yumurta
- ⅓ su bardağı şekersiz rendelenmiş hindistan cevizi
- 2 yemek kaşığı Bal
- 2 yemek kaşığı Amaretto likörü

TALİMATLAR:
a) İki muffin kalıbının kaplarını kağıt astarlarla (her biri bir düzine) hizalayın. Ayçekirdeği ve hindistancevizi birleştirin. Her bir astara bu karışımdan 1 çay kaşığı koyun.

b) Altlarını örtmek için bir kaşığın arkasıyla bastırın.

c) Fırını 325F'ye ısıtın.

d) Doldurmak için krem peyniri 8 blok halinde kesin ve yumurta, bal ve Amaretto ile bir mutfak robotu, blender veya karıştırma kabında pürüzsüz ve kremsi olana kadar karıştırın.

e) Her tartlet kabına bir çorba kaşığı dolgu koyun ve 15 dakika pişirin.

89. Cheesecake dondurma

Yapar: 1 Bira

İÇİNDEKİLER:
- 1 jelatin levha
- 1 su bardağı süt
- ½ porsiyon Sıvı Cheesecake
- 1 yemek kaşığı ekşi krema
- ½ fincan Graham Crust porsiyonu
- ¼ su bardağı süt tozu
- ½ çay kaşığı koşer tuzu

TALİMATLAR:
a) Jelatini çiçeklendirin.
b) Sütten biraz ısıtın ve çözünmesi için jelatini çırpın.
c) Jelatin karışımını bir karıştırıcıya aktarın, kalan sütü, sıvı cheesecake'i, ekşi kremayı, graham kabuğunu, süt tozunu ve tuzu ekleyin ve pürüzsüz ve homojen olana kadar püre haline getirin.
d) Dondurma tabanını ince gözenekli bir elekten dondurma makinenize dökün ve üreticinin talimatlarına göre dondurun.

90. Cheesecake Şerbeti

Yapar: 8 porsiyon

İÇİNDEKİLER:
- 1 su bardağı toz şeker
- 2 su bardağı ayran
- 1 çay kaşığı rendelenmiş limon kabuğu
- ¼ bardak limon suyu

TALİMATLAR:
a) Tüm malzemeleri şeker eriyene kadar karıştırın.
b) 1 litre dondurma dondurucuya dökün.
c) Üreticinin talimatlarına göre dondurun.

91. Cheesecake Dondurma Tarifi

Yapar: 6 porsiyon

İÇİNDEKİLER:

- Oda sıcaklığında 4 ons krem peynir Oda sıcaklığında 4 ons krem peynir
- ¼ bardak su
- ¼ bardak Swerve Şekerlemeciler
- 1 ½ çay kaşığı saf vanilya özü
- ¼ çay kaşığı taze limon suyu
- 10 damla sıvı stevia
- ¾ fincan ağır çırpılmış krema

TALİMATLAR:

a) Krem peynir, su, Swerve Confectioners, vanilya, taze limon suyu ve sıvı steviayı büyük bir kapta pürüzsüz olana kadar çırpın.

b) Ağır kremayı orta boy bir kapta sert tepe noktalarına kadar çırpın.

c) Çırpılmış kremanın ¼'ünü krem peynir karışımına pürüzsüz olana kadar çırpın. Kalan çırpılmış kremayı bir seferde ¼ katlamak için lastik bir spatula kullanın.

d) Karışımı yavaşça 9 inçlik bir somun tepsisine dökün, doğrudan üstüne bir parça plastik sargı koyun ve en az 4 saat veya 2 haftaya kadar kepçe için yeterince sertleşene kadar dondurun.

92. yaban mersinli peynirli kek aromalı dondurma

Yapar: 12 Porsiyon

İÇİNDEKİLER:

- 12 ons krem peynir, oda sıcaklığında
- ½ yemek kaşığı tuz
- 1 su bardağı şekersiz badem sütü, oda sıcaklığında
- ¼ bardak mascarpone, oda sıcaklığında
- 2 yemek kaşığı vanilya
- 1 yemek kaşığı limon özü veya suyu
- ¼ su bardağı ekşi krema, oda sıcaklığında
- 1 su bardağı Swerve tatlandırıcı
- 1 su bardağı yaban mersini

TALİMATLAR

a) Malzemelerinizi hazırlayın ve birleştirin. Modeliniz tavsiye ediyorsa, dondurma makinesi karıştırma kabını en az 24 saat önceden dondurun. Krem peynir, mascarpone, badem sütü ve ekşi krema oda sıcaklığında olmalıdır.

b) Kürek ataşmanlı bir karıştırıcıda, krem peyniri pürüzsüz olana kadar karıştırın. Kaseyi periyodik olarak kazımak

c) Mikser çalışırken şeker ve tuzu ekleyin ve malzemeler birleşip pürüzsüz olana kadar karıştırın. Mascarpone ekleyin ve birleştirilene ve karışım pürüzsüz olana kadar karıştırın.

d) Yavaş yavaş süt, vanilya, limon ve ekşi krema ekleyin.

e) Karışımı kaseye dökün ve buzdolabında en az 2 saat veya gece boyunca soğutun. İyi soğutulmuş olmalıdır.

f) Yaban mersini bir mutfak robotunda doğrayın veya bir bıçakla kaba doğrayın. Kısmen tıknaz ve kısmen yumuşatılmış bir karışım mükemmeldir. Böğürtlenleri buzdolabında en az 2 saat veya gece boyunca soğutun.

g) Dondurma yapmak için üreticinizin talimatlarına uyun. Kullandığımız model, dondurucuda 24 saat önceden dondurulmuş bir donmuş kase aparatı ile birlikte gelir. Tuz ve buza gerek yoktur.

h) Dondurma makinenizi üreticinin talimatlarına göre kurun ve açın. Karışımı donmuş dondurucu kaseye dökün ve yaklaşık 10 ila 15 dakika koyulaşmaya başlayana kadar karıştırın.

i) Yaban mersini ekleyin ve dondurma donmaya başlayana ve yumuşak kremsi bir dokuya sahip olana kadar 5 ila 10 dakika daha karıştırmaya devam edin. Dondurmayı hava geçirmez bir kaba aktarın ve istediğiniz kıvama gelene kadar birkaç dakika daha dondurun.

j) Yemeye hazır olduğunuzda, dondurmanın tezgahta yumuşamasına izin verin (gerekirse), alın ve tadını çıkarın!

93. Elmalı Peynirli Dondurma

Yapar: 6

İÇİNDEKİLER:
- 5 yemeklik elma, soyulmuş ve özlü
- 2 su bardağı süzme peynir, bölünmüş
- 1 bardak yarım buçuk, bölünmüş
- ½ fincan elma ezmesi, bölünmüş
- ½ su bardağı toz şeker, bölünmüş
- ½ çay kaşığı öğütülmüş tarçın
- ¼ çay kaşığı öğütülmüş karanfil
- 2 yumurta

TALİMATLAR:
a) Elmaları ¼ inçlik zarlar halinde doğrayın; kenara koymak Bir blender veya mutfak robotunda 1 su bardağı süzme peynir, ½ su bardağı yarım buçuk, ¼ su bardağı elma yağı, ¼ su bardağı şeker, tarçın, karanfil ve bir yumurtayı karıştırın.

b) Pürüzsüz olana kadar karıştır. Büyük bir kaseye dökün.

c) Kalan süzme peynir, yarım ve yarım, elma yağı ve yumurta ile tekrarlayın. Önceden püre haline getirilmiş karışımla birleştirin. Doğranmış elmaları karıştırın.

d) Dondurma kutusuna dökün. Üreticinin talimatlarına göre dondurma makinesinde dondurun.

94. Vişneli Cheesecake Dondurma

Yapar: 1½ litre

İÇİNDEKİLER:
- 3 ons krem peynir, yumuşatılmış
- 1 (14 ons) şekerli yoğunlaştırılmış süt kutusu
- 2 su bardağı yarım buçuk
- 2 su bardağı krem şanti
- 1 yemek kaşığı vanilya özü
- ½ çay kaşığı badem özü
- 10 ons maraschino kirazı, süzülmüş ve doğranmış

TALİMATLAR:
a) Büyük bir mikser kabında krem peyniri kabarık olana kadar çırpın.
b) Pürüzsüz olana kadar yavaş yavaş tatlandırılmış yoğunlaştırılmış süt ekleyin.
c) Kalan malzemeleri ekleyin; iyice karıştırın.
d) Bir dondurma dondurucu kabına dökün ve üreticinin talimatlarına göre dondurun.

95. Somon Füme Cheesecake

Yapar: 1 Porsiyon

İÇİNDEKİLER:

- 12 ons Krem peynir, yumuşatılmış
- ½ pound Füme somon veya Lox
- 3 yumurta
- ½ arpacık soğanı, kıyılmış
- 2 yemek kaşığı ağır krema
- 1½ çay kaşığı Limon suyu
- tutam tuz
- tutam beyaz biber
- 2 yemek kaşığı toz şeker
- ½ su bardağı sade yoğurt
- ¼ bardak Ekşi krema
- 1 yemek kaşığı Limon suyu
- ¼ bardak Kıyılmış frenk soğanı
- Küp doğranmış kırmızı ve sarı biber

TALİMATLAR:

a) Bir mikser kasesinde peyniri çok yumuşak olana kadar çırpın. Bir mutfak robotunda, somonu ezmek için püre haline getirin; yumurtaları birer birer ve arpacık ekleyin.

b) Somon karışımını kaseye koyun; krema, limon suyu, tuz, karabiber ve şekeri karıştırın; iyi karıştırın. Çırpılmış krem peynir içine katlayın.

c) Tereyağlı 7- veya 8 inçlik yaylı bir tavaya dökün. Doldurulmuş tavayı daha büyük fırın tepsisine yerleştirin; 1 inç sıcak su ile daha küçük tavayı çevreleyin. 25 ila 30 dakika pişirin.

d) Bu arada sosu yapın.

96. Tavuk-biberli cheesecake

Yapar: 8 porsiyon

İÇİNDEKİLER:

- 1⅓ bardak İnce ezilmiş tortilla cipsleri
- ¼ su bardağı Tereyağı veya margarin, eritilmiş
- 3 (her biri 8 ons) Paket krem peynir, yumuşatılmış
- 4 yumurta
- 1 çay kaşığı pul biber
- 1 çay kaşığı Worcestershire sosu
- ¼ çay kaşığı Tuz
- 3 yemek kaşığı Kıyılmış yeşil soğan
- 1½ su bardağı ince kıyılmış pişmiş tavuk
- 2 (her biri 4 ons) kutu Kıyılmış yeşil biber, süzülmüş
- 1½ su bardağı Rendelenmiş Monterey Jack Peyniri
- 16 ons Ekşi krema
- 1 çay kaşığı Baharatlı tuz
- Garnitür: kıyılmış yeşil soğan
- Picante sosu

TALİMATLAR:

a) Tortilla cipslerini ve tereyağını birleştirin. 9 inçlik yay biçimli bir tavanın altına ve 1 inç yukarıya doğru bastırın.

b) Kenara koyun Krem peyniri elektrikli bir karıştırıcı ile yüksek hızda hafif ve kabarık olana kadar çırpın. Yumurtaları birer birer ekleyin ve her eklemeden sonra iyice çırpın. Biber tozu, Worcestershire sosu, tuz ve kıyılmış yeşil soğanı ilave edin.

c) Krem peynir karışımının yarısını hazırlanan tavaya dökün. Tavuk, chiles ve Monterey Jack peyniri serpin. Kalan krem peynir karışımını üzerine dikkatlice dökün.

d) 350 F'de 10 dakika pişirin; ısıyı 300F'ye düşürün ve bir saat daha veya ayarlanana kadar pişirin. Bir tel raf üzerinde tamamen soğutun.

e) Ekşi krema ve terbiyeli tuzu birleştirin. Cheesecake'in üzerine eşit şekilde yayın. Örtün ve en az 8 saat soğutun. İstenirse süsleyin ve Picante sosuyla servis yapın.

97. Yengeçli yengeç etli cheesecake

Yapar: 4 Porsiyon

İÇİNDEKİLER:

- 2½ pound Pişmiş yengeç; alındı, mermiler ayrıldı
- 4 su bardağı Su
- 1 su bardağı kuru beyaz şarap
- 1 Soğan; kıyılmış
- 2 Havuç; kıyılmış
- 1 diş sarımsak; kıyılmış
- 2 yemek kaşığı Domates salçası
- 1 buket garnitür; 3 dal maydanoz, 3 dal kekik, 1 defne yaprağı ve 10 tane karabiber
- ½ su bardağı krem şanti
- 6 ons Krem peynir; oda sıcaklığında
- 2 yumurta
- ½ Arpacık; kıyılmış
- 1 yemek kaşığı Doğranmış domates; seribaşı
- 1 küçük diş sarımsak; kıyılmış
- 1½ çay kaşığı Taze dereotu; kıyılmış
- 1½ çay kaşığı taze limon suyu
- Acı biber tozu; tatmak
- ½ su bardağı Soğutulmuş tuzsuz tereyağı; sopa
- Havyar; isteğe bağlı

TALİMATLAR:
SOSU İÇİN

a) Fırını 350 dereceye ısıtın. Yengeci kırın ve eti kabuklarından çıkarın. Eti kullanıma hazır olana kadar örtün ve soğutun.

b) Yengeç kabuklarını bir kızartma tavasına koyun ve aroması çıkana kadar kızartın. 20 dakika civarında. Kabukları ağır, büyük bir tencereye aktarın.

c) Su, şarap, soğan, havuç, sarımsak, salça ve buket garnitürü karıştırın ve kaynatın. Isıyı azaltın ve sıvı ½ bardağa düşene kadar ara sıra karıştırarak yaklaşık 1½ saat pişirin. Gerilmek.

d) Kremayı pişirme sıvısına ekleyin ve ¾ bardağa düşene kadar ara sıra karıştırarak yaklaşık 10 dakika pişirin.

e) Örtün ve soğutun.

PEYNİRLİLER İÇİN

f) Dört ⅔ fincan sufle tabağını yağlayın. Bir elektrikli karıştırıcı kullanarak, krem peyniri orta boy bir kapta kabarık olana kadar çırpın. Yumurtaları çırpın. Arpacık soğan, domates, sarımsak, dereotu ve limon suyunu karıştırın. Yengeç etini karıştırın. Tuz, karabiber ve kırmızı biberle tatlandırın.

g) Karışımı yemekler arasında bölün. Merkezler ayarlanana kadar yaklaşık 30 dakika pişirin. Hafifçe soğutun.

BİTİRMEK İÇİN

h) Cheesecake'leri gevşetmek için bardakların kenarlarında keskin bir bıçak gezdirin. Her plakaya 1 ters çevirin. Sosu kaynatın.

i) Tereyağını azar azar ekleyin ve eriyene kadar çırpın. Tuz, karabiber ve kırmızı biberle tatlandırın. Sosu cheesecakelerin üzerine gezdirin. İsterseniz havyar ile süsleyin.

98. Daiquiri peynirli kek

Yapar: 12 porsiyon

İÇİNDEKİLER:

- 1½ paket Graham kraker, ezilmiş
- 6 Tereyağı, eritilmiş
- 24 ons Krem peynir, yumuşatılmış
- 5 Jumbo yumurta, ayrılmış
- ⅔ su bardağı Şeker
- 2 Zarf jelatin
- ½ su bardağı Hafif rom
- ⅓ su bardağı Şeker
- ⅔ fincan taze limon suyu
- 1½ çay kaşığı Taze rendelenmiş misket limonu kabuğu
- 1½ çay kaşığı Taze rendelenmiş limon kabuğu
- 1-pint krem şanti
- ½ su bardağı Pudra şekeri

TALİMATLAR:

a) Kabuk malzemelerini karıştırın ve kelepçeli kalıbın dibine bastırın. 350°F'de 10 dakika pişirin. Jelatini küçük bir tencerede ¾ bardak su ile yumuşatın.

b) Yumurta sarılarını şekere karıştırın. Limon suyu, rom ve kabuklu jelatin karışımına ekleyin ve med üzerinde pişirin. sıcaklık. karışım koyulaşana ve kabarcıklar çıkana kadar sürekli karıştırın. Serin.

c) Peyniri büyük bir kapta hafif ve kabarık olana kadar çırpın. Jelatin karışımını yavaşça ekleyin ve iyice karıştırın.

d) Yumuşak zirveler oluşana kadar yumurta aklarını çırpın. Pudra şekerini ekleyin ve sert zirveler oluşana kadar dövmeye devam edin. Peynir karışımına katlayın.

e) Kremayı çırpın ve peynir karışımına katın.

f) Kabuğa dökün ve birkaç saat veya gece boyunca buzdolabında saklayın.

99. pina colada cheesecake

Yapar: 1 Porsiyon

İÇİNDEKİLER:

- hindistan cevizi kabuğu
- 2 Zarf tatlandırılmamış Jelatin
- Şeker
- 1 kutu (6 ons) Ananas Suyu
- 3 Yumurta, ayrılmış
- 3 Paket (her biri 8 ons) krem Peynir, yumuşatılmış
- ¼ bardak Koyu Jamaika Romu
- ¼ çay kaşığı Hindistan cevizi özü
- 1 kutu (20 ons) Ezilmiş Ananas
- 1 yemek kaşığı mısır nişastası

TALİMATLAR:

a) Hindistan Cevizi Kabuğu hazırlayın (aşağıya bakın). Bir tencerede jelatin ve ½ su bardağı şekeri karıştırın. Ananas suyu ekleyin. 1 dakika bekletin. Jelatin eriyene kadar (5 dakika) kısık ateşte ısıtın. Ateşten alın.

b) Sarıları birer birer, her birinden sonra iyice çırparak ekleyin. Hafifçe soğutun. Krem peyniri kabarık olana kadar çırpın.

c) Jelatin karışımında rom ve hindistancevizi özü ile karıştırın.

d) Karışımı bir kase buzlu su üzerine koyarak hızlıca soğutun; hafifçe koyulaşana kadar karıştırın. Yumurta aklarını köpürene kadar çırpın.

e) Sert tepe noktaları oluşana kadar yavaş yavaş ¼ fincan şeker ekleyin. Jelatin haline getirin. Hazırlanan kabuğa çevirin. Gece boyunca soğutun.

f) Bir tencerede, süzülmüş ananası 2 yemek kaşığı şeker ve mısır nişastasıyla birleştirin. Kaynayana ve koyulaşana kadar karıştırarak pişirin. Serin. Cheesecake'in üzerine kaşıkla. 8 ila 10 kişiliktir.

g) Hindistan Cevizi Kabuğu Karışımı 1½ su bardağı vanilyalı gofret kırıntıları ile 1 su bardağı kıyılmış hindistan cevizi. ⅓ fincan eritilmiş tereyağında karıştırın. 8 veya 9 inçlik yay biçimli tavanın alt ve yanlarına bastırın. Kullanıma hazır olana kadar soğutun.

100. Kahlua ve kremalı cheesecake

Yapar: 1 Porsiyon

İÇİNDEKİLER:

- 2 su bardağı sert çikolata Kurabiye Kırıntıları, ufalanmış
- ½ su bardağı Tereyağı
- 3 yemek kaşığı şeker
- 3 (8 ons) paket krem peynir, Yumuşatılmış
- 2 su bardağı Şeker
- 3 yumurta
- ½ su bardağı Kahlua
- 1 çay kaşığı vanilya
- 1 bardak Ekşi krema

SIR

- 1 su bardağı pudra şekeri
- ¾ bardak Ekşi krema
- 3 yemek kaşığı Kahlua
- Süslemek için krem şanti

TALİMATLAR:
KABUK

a) Kabuk karışımını karıştırın ve bir kelepçeli kalıba bastırın.
b) 350 derecede 5 dakika pişirin. Soğumaya bırakın.

DOLGU:

c) Bir elektrikli karıştırıcı ile her seferinde bir adım karıştırın. Pasta kabuğuna dökün. 350 derecede 55 ila 60 dakika pişirin. Fırının kapağı açık olarak 1 saat fırında bırakın.
d) Çıkarın ve soğuyana kadar soğutun. Sır hazırlayın. Kıvamın kolayca dökülebildiğinden emin olun.
e) Üzerine yayın ve 6 saat buzdolabında bekletin. Krem şanti ile servis yapın.

ÇÖZÜM

Umarız pişmeyen Peynirli kek dünyasını bizimle keşfetmekten keyif almışsınızdır. Klasik tatlardan benzersiz kombinasyonlara kadar, tatlı ihtiyacınızı gidermek için size 100 lezzetli ve yapımı kolay tarif sağladık.

Unutmayın, pişmeyen cheesecake'ler, yılın herhangi bir zamanında tadını çıkarabileceğiniz çok yönlü bir tatlıdır. İster özel bir günü kutluyor olun, ister sadece kendinizi şımartmak isteyin, bu cheesecake tarifleri sizi etkileyecek.

Bu cheesecake'leri kendinize göre yapmak için farklı lezzet kombinasyonları ve dekorasyon teknikleri denemenizi öneririz. Ve en önemlisi, mutfakta eğlenin!

Bu tatlı yolculukta bize katıldığınız için teşekkür ederiz. No-Bake Peynirli kek yemek kitabının, bir dilim lezzetli cheesecake eşliğinde aileniz ve arkadaşlarınızla yeni ve kalıcı anılar yaratmanız için size ilham verdiğini umuyoruz.

Ingram Content Group UK Ltd.
Milton Keynes UK
UKHW021149220623
423869UK00009B/37

9 781835 008317